时代楷模丛书

点亮万家灯火

张黎明的故事

海飞 主编　常聪 著

四川科学技术出版社

海豚出版社
DOLPHIN BOOKS
中国国际传播集团

图书在版编目（CIP）数据

点亮万家灯火：张黎明的故事 / 海飞主编；常聪

著. -- 成都：四川科学技术出版社；北京：海豚出版

社，2025.1. --（"时代楷模"丛书）. -- ISBN 978-7-

5727-1719-2

Ⅰ. K826.16

中国国家版本馆 CIP 数据核字第 2025DS4941 号

"时代楷模"丛书
"SHIDAI KAIMO" CONGSHU

点亮万家灯火　张黎明的故事
DIANLIANG WAN JIA DENGHUO　ZHANG LIMING DE GUSHI

海 飞 主编　　常 聪 著

出 品 人　程佳月
选题策划　鄢孟君
责任编辑　潘　甜　赵　璐　吴珍华
助理编辑　赵　成　余　昉
营销编辑　李　卫　刘　成
封面设计　王晓珍
责任出版　欧晓春
出版发行　四川科学技术出版社
　　　　　成都市锦江区三色路 238 号 邮政编码 610023
　　　　　官方微信公众号 sckjcbs
　　　　　传真 028-86361756
成品尺寸　148 mm×210 mm
印　　张　5.75
字　　数　115 千
印　　刷　四川华龙印务有限公司
版　　次　2025 年 1 月第 1 版
印　　次　2025 年 6 月第 1 次印刷
定　　价　22.80 元

ISBN 978-7-5727-1719-2

邮　　购：成都市锦江区三色路 238 号新华之星 A 座 25 层　邮政编码：610023
电　　话：028-86361770

英雄照亮时代　楷模就在身边

　　每个时代都有每个时代的英雄。

　　在炮火纷飞的战争年代，一批又一批的英雄为了中华民族的崛起而抛头颅、洒热血，他们身上体现了中华民族伟大的民族精神和崇高的民族气节。赵一曼、刘胡兰、董存瑞、黄继光、邱少云……这一个个闪光的名字和他们的英勇事迹家喻户晓，值得我们永远铭记。

　　如今，在我们身边，依然有无数的英雄，他们就是在各自的岗位上无私奉献的"时代楷模"。

　　"时代楷模"是由中共中央宣传部集中组织宣传的全国重大先进典型，他们的情操健康高尚，事迹厚重感人，影响广泛深远，充分体现了新时代"爱国、敬业、诚信、友善"的价值准则与中华传统美德。他们就像天上的星星，照亮天空，照亮我们这个时代。同时，他们也是普通人，在平凡的岗位上默默坚守，做出了伟大贡献。

为了更好地向中小学生讲述"时代楷模"的感人事迹，激发学生的民族自信心和自豪感，四川科学技术出版社、海豚出版社特此出版"时代楷模"丛书。丛书每册选取一位"时代楷模"（或一个"时代楷模"集体），并邀请国内知名儿童文学作家对其事迹进行文学加工，生动刻画人物形象，以提高中小学生读者的阅读体验。

人生如扣扣子，第一粒扣子扣错了，后边的扣子就会跟着错。万事开头难，难就难在要走好正确的第一步，确定你想扣怎样的人生扣子，你想实现怎样的人生价值。只有第一步走对了，只有第一粒扣子扣对了，你才能走好自己的人生路。

我们希望通过这套丛书，让中小学生走近这些当代英雄，了解他们的先进事迹，树立正确的价值观和远大的人生志向，"扣好人生第一粒扣子"。

四川科学技术出版社、海豚出版社

2024 年 6 月

目 录

01

我师父能文能武

　　小时候，我并不知道自己长大后会成为一名电力工人。那时候，我觉得当电力工人最酷的事儿，就是爬上高高的电线杆，在上面忙活一番，电就通了，灯就亮了。电是一样好的东西，可也是一样危险的东西。除了电力工人，谁敢往电线杆上爬呀！

　　后来，我长大了，认识了我师父。他叫张黎明，一名工作了三十多年的电力工人，不但电线杆爬得好，而且正在干一件不得了的事情——带队研发智能机器人。

　　"什么？你师父要制造机器人？！这么酷？"

　　"你们不是电力工人吗？难道你师父是科学家？"

　　我跟朋友们说起这件事，他们都不敢相信。

　　"不要小看了我们蓝领工人！"我骄傲地说，"我师父不是科学家，可他是'电力大侠'啊！知道什么是知识型、技能型、创新型工人吗？"我一下一下扳着手指，"我师父就是这样的工人，不光电力业务技术好，而且肯钻研、有头脑、敢创新！他要研发的是可以代替工人到电线杆上干活的机器人。你们知道吗，虽然我师父没上过大学，他当年是电力技校毕业的，但是业务知识、操作技术一流。"

我这么一说，朋友们的眼睛里满是崇拜。一个没上过大学的电力工人，正在研发机器人！可他们还是忍不住把我师父想象成了一个身材瘦小、穿着白大褂、目光深沉、戴着眼镜的高冷科学家。

我从手机里翻出了一张师父工作时的照片："你们猜，这里面哪个是我师父？"

照片上的人正在机器人实验车间里忙碌。我介绍起来："这位是清华大学的博士，这位操作绝缘斗车的小哥哥是南瑞集团有限公司的科研人员，这些在电脑前的人，有的是科研人员，有的是我师父的徒弟。别看这些人很年轻，他们全都特别厉害，我师父带着他们一起研发机器人。"

"可是，到底哪位是你师父啊？"朋友们满脸疑惑，半天都没找到长得像高冷科学家的人。

"就是这位啊！"我在照片上轻轻点了点。

"啊？是他！"朋友们觉得不可思议，"原来你师父是一位温暖的大叔啊！这么接地气！"

是的，我师父跟高冷一点儿都不搭边。他长着一张憨厚的圆脸，脸上挂着两条喜庆的眉毛，总是笑呵呵的，眼神中透着智慧与和善，他还有一种从没被岁月带走的纯真。他的个子高高大大，头戴安全帽，身上穿着朴实的卡其色电工装，脚穿一双胶皮靴，浑身都彰显着工人阶级的强健体魄。他全身上下最亮的地方，是胸前那枚鲜艳的党员徽章。

真的，我一直觉得师父这副装扮帅极了。朋友们也这么觉得。

只有一样，朋友们刚才猜对了，他确实戴着眼镜。也许是当年读书累的吧。听说，师父上学那会儿学习特别好。

"这是？"朋友们激动地注视着我师父身后伸出来的机械手臂——它像在偷偷跟大家打招呼一样，"这就是你说的机器人吧，看起来有点儿调皮！"

"对呀！"我又骄傲起来，"我师父给它取名叫'导线上的钢铁侠'！想知道钢铁侠工作的时候是什么样儿吗？期待一下吧！"

"所以，你也在跟你师父一起研发机器人吗？"有人突然问。

"我……我没有……"我脸一红，"我只是一个小学徒，还在跟师父学习中。"

有件事儿，我没告诉他们。我的梦想，就是成为像师父那么帅的"电力大侠"。

帅成什么样儿？我给你们讲个故事吧。

那是一个秋天的深夜，天津海河岸边灯火通明，一项浩大的工程正在进行——修建中央大道海河隧道。新闻上说，这是我国首次在高震区修建水下沉管隧道。也就是说，这条隧道将有一部分沉入水下，未来人们可以开着车穿越海河。

潮湿的夜风中，两千多名工人在工地上忙碌，混凝土浇筑机喷吐如虹，正在进行隧道墙壁的浇筑。突然，所有的灯都熄灭了，整个工地断电，混凝土浇筑机也在黑暗中沉默下来。

工地上一阵骚动。混凝土浇筑必须持续进行，要是中途停止，建起来的隧道墙壁就会产生可怕的缝隙，埋下巨大的安全隐患。施工队紧急启动了备用发电机，让混凝土浇筑机重新恢复工作。可是这种发电机最多只能供电两个小时。

两个小时以后怎么办？如果不能恢复供电，混凝土浇筑还是要停止，这项备受瞩目的工程项目就会出现无法挽回的重大损失。

人们在微弱的光亮中等待……黄色的电力抢修车冲破夜色飞驰而来。第一个从车上下来的，是国家电网天津滨海供电公司运维检修部配电抢修班的班长。如此危急的时刻，他憨厚的脸上却挂着从容的微笑，并满怀信心地对海河隧道项目的负责人说道："请你放心，两个小时左右，我们就能完成抢修，恢复供电！"

接着，他带领抢修队员，在浩浩荡荡的工地上，开始全面排查供电线路，寻找故障出在哪里。一个多小时后，他们终于发现，原来是施工导致一条电缆被挖断了。

"这条线路隔离修复！"他干脆地做出决定。

从抢修队出现，到施工现场全面恢复供电，前后不到两个小时。

他说了一声："好了！"

整个工地光明如初，人们欢呼雀跃，"危机"解除！

他掀起安全帽，擦了擦额角的汗水，笑眯眯的眼睛里闪动着快乐的光芒。

他和他的抢修队完成了任务，可他并没有急着回去休息，而是热心地给施工队做起了培训，以避免再有电缆被挖断的事情发生。

没错，这个从容救场的人，就是我师父——张黎明，一位相当靠谱的电力专家，拥有很多发明的创新达人，也是滨海黎明共产党员服务队的队长，多年奋战在一线的抢修英雄。

"英雄"这个词，不是随便说说的。

可最奇妙的是什么？在紧急时刻，他还能笑出来。干活和微笑两不耽误。你们见过这么爱笑的英雄吗？

"我师父能文能武，他是电力明星！"我总是这么对朋友们说。

可是师父听了这样的话，脸上浮现出不认同的表情，然后反驳我："我就是一个普通劳动者！"

02

雨是热的

每到夏季，天津就成了一座多雨的城市。

可我从没见过这么大的雨，倾盆如注，黑沉沉的夜幕中路面泛着波光，天地间回响着"哗啦啦"的下雨声。

如果我是个诗人，也许会激情万丈，狂舞手臂，赋诗一首。可我是一个电力抢修队员……

用师父的话说，"七下八上"的时候到了——每年七月下旬到八月上旬，雨量非常大，用电故障也会非常多。

我趴在值班室的窗前，望着漫天的暴雨，心里确实"七下八上"的，我默默回过头去看我的同事们。

威哥郑重地打开了他的抢修工具箱，开始一样一样地擦拭工具，如同出征前的战士把武器擦到发亮。他总是这样，每次等任务的时候，都要检视一番工具，像在给它们打气。

辉哥坐在电脑前，捧着手机一遍一遍刷着天气新闻："果然是特大暴雨。师父之前交代了，咱们今晚得做好准备，很可能有一场硬仗。"

小雄皱着眉头盯着自己的手机："怎么一个电话都

没有？我手机有信号啊……"

这个下着暴雨的深夜，恰好轮到抢修班四个年轻的队员值班，而我是年龄最小的一个。

一道闪电横穿雨幕，我想我的脸一定被闪电映得极其苍白。

威哥抬头看了我一眼，咧嘴一笑："紧张什么？咱们不就是干这个的吗？这里面我年龄最大，跟着师父跑过好多次抢修了。听我的，兄弟，不用怕！慢慢你就习惯了。再大的风雨来了，也得稳住阵脚！放轻松，学一学什么叫'谈笑间，樯橹灰飞烟灭'！"

我盯着威哥狠狠擦着工具的泛白的手指，缓慢地点了一下头，然后从椅子上起来，也打开了自己的抢修工具箱，检查有没有漏掉的东西。

威哥又继续鼓气："兄弟们，都准备好啊，一起加油！"

我们默默晃了几下拳头，算是回应。

值班室忽然异常安静，只有狂风暴雨拍打着门窗。第一个报修的调度电话响起来的时候，我们几个人齐唰唰抬头，小雄对着手机说："收到，我们马上过去！"

小雄报了一遍报修地点，辉哥在键盘上快速敲打，打印机的灯亮了，几张线路图纸被"吐"了出来。

可是紧接着，我们几个人的电话铃声此起彼伏地响了起来！

我们手忙脚乱——记录故障位置、打印图纸、跳起来去拖工具箱……我恍惚觉得每个人的手机都像惊慌的小鱼一样在手里跳啊跳，不断发出大声的警报：

"报修！报修！报修！请尽快赶到！"

我们慌神儿了。就算是跟师父工作有些日子的威哥，也从没见过这么多的报修电话同时涌过来。刚刚还劝我放轻松的他，此刻哪里还有什么"谈笑间，樯橹灰飞烟灭"的气势？他的脸绷得很紧很紧，头发都有点儿凌乱了。

值班室的门忽然开了，一个身穿工装服的高大身影出现在门口，还带进来一股湿冷的风。

"图纸打好了吗？跟我走！"

我们惊住了，不敢相信地望着这个熟悉的身影——师父！

本来应该在家休班的师父，竟然来了。我想要揉眼睛确认。他怎么会这么快赶过来？

他甚至不必对我们说什么鼓舞士气的话，只是站在我们眼前，我们就有了临危不乱的士气。

跟着师父冲进大雨跳上抢修车的时候，一场抢修硬仗正式开始了。

大雨漫过低洼地带，抢修车无法通过，我们扛着沉重的工具，在没过膝盖的雨水中徒步前行。师父走在最前面，扛着最重的抢修设备。

雨衣早就不顶用了，我们每个人都变成了疾行在雨幕中的移动瀑布，全身上下湿得透心凉。

报修电话还在增加，所有休班的工友和备用的抢修车都投入了抢修大战。师父"排兵布阵"，带着我们不断冲锋向前。

时间似乎都被雨水冲刷得有些模糊了。这一场滂沱大雨，这一场终生难忘的硬仗，从深夜到黎明，从黎明又到黄昏，我们顶风冒雨，不停奔波。

再一次坐上抢修车，奔向下一个故障地点的途中，摇晃的灯光下，师父看着我们被泥泞裹成"粽子"的鞋子，以及我们被雨水泡得发白的嘴唇和手指，他心疼起来："你们轮流歇会儿，挺不住就回去打个盹儿。"

"可是师父……"我抹了抹脏兮兮的泥脸，使劲睁开困倦的眼皮，"您也应该回去歇一下。"

"我不用！"师父那双布满血丝的眼睛，眼皮都累得有点儿发皱了，眼神中却分明有光亮。

我又震惊了……师父，您真的是铁打的吗？

师父盯着车窗外迷蒙的雨幕，然后声音洪亮地说："好多年前，我刚参加工作没几年，那次也是一个雨天，我们跟着老师傅，往街上架电线杆。"

"师父，您那时候怎么立电线杆？"正在开车的威哥插嘴，"跟现在一样吗？"

"那会儿，架杆布线，哪有现在这些专用的工具？没有吊车，没有挖土机，都是人拉肩扛，靠着一把力气把电线杆立起来。我们得花很长的时间挖坑，然后七八个人喊着口号，搬运水泥电线杆，特别沉！"

"厉害了，师父！这是硬汉的故事啊！"

"我肯定是硬汉啊。"师父乐呵呵地挑起浓眉，"不过我不是最厉害的，那会儿，班上有比我力气更大的老师傅。我记得有位马师傅，一大串绝缘瓷瓶挂脖子上，那东西死沉死沉的，他扛上这些瓷瓶就走进水塘里，脑袋都没水里去了，紧憋一口气，然后再走上来，脑袋一点一点露出来。"

我们想象着那样的情景，全都被逗乐了，可是心里不只是欢乐，还有敬佩，还有穿越了时光的心疼。

"马师傅把绝缘瓷瓶运过来，天上又开始下雨了。"师父依然陷在回忆中，"新杆子都立好了，架上梯子，让一个人爬上去，我们在下面拉电线。当时我仰着脑袋，看着那条线被拉起来，雨水直往我的胸口和脸上扑……"

"然后呢？"我们好奇起来。

"天其实挺冷的，但是我感觉……这雨水打过来，怎么是热乎乎的呢？"师父说着，憨憨地笑了。

"出汗啊，干活热的！"我实诚地说。

"你说说你，怎么一点儿都不浪漫呢？"威哥忍不住说，"师父这意思，就是干劲儿十足，心里热乎！热火朝天！豪情万丈！"

"嗯！"师父一脸真诚地点头，"我真的感觉劳动的时候特别快乐！尤其大家一块儿干活的时候特别有激情……那种幸福劲儿，那个踏实，说不出来！"

师父说这番话的时候，我揉了揉眼睛，似乎发现了一件奇异的事情。

师父"亮"了……

我不是说他真的像灯泡那样亮了起来。也许是因为我困得恍惚了吧。反正，我的眼睛就像是真的看到了一样，有种力量，一种生机勃勃的力量，发出了一圈光晕，从师父身上四射开来，在令人疲惫、昏沉的抢修途中，照亮我们每个人的脸庞。

徒步奔向下一个抢修地点的路上，我抱着工具箱紧紧跟在师父身后，大声问："师父！雨水还是热的吗？"

狂风暴雨中，我听不清师父说了什么，只听见师父爽朗的笑声穿透了雨幕。

十四条高压线路抢修，几十个低压故障处理，二十多个小时，斩风破雨，全部完成！

一场硬仗下来，我们个个沾满泥巴，几乎都瘫在地上。

辉哥说，这是他经历过的时间最长的一次抢修。威哥说，他也是……

"我们到底是怎么过来的啊……"我仰在抢修班的椅子上，满脸呆滞。

可是这样的事情，师父该是经历过很多次吧！

早晨路过早点摊儿的时候，我们买了热气腾腾的煎饼馃子，可是一直没来得及吃。这会儿终于啃上了。

其实我问过师父："一线抢修这么辛苦，我怎么从没见您抱怨过呢？"

师父说："抢修是辛苦，但这是雪中送炭、救人于危急的事情，干着光荣。"

想想师父的话，我心里生出一种满足感。

这场连续奋战的抢修，帮到了那么多人，让光亮重新照进他们的生活。这工作，我们干得很带劲儿。

嘿，我特别想说，当你的努力奋斗能够带给人们幸福的时候，你也会感觉到莫大的幸福。只要亲身体验过，你就会知道，这感觉有多棒。

我手里的煎饼馃子早就凉掉了，里面的薄脆也不脆了，但是，我啃得格外欢畅。

清风荡漾，空气微凉。师父说，等热蒸气一上来，还会有很多低压故障报修。他要在办公室里再等等。

"师父？"我推开师父办公室的门，然后放轻了脚步。

师父睡着了……

他坐在办公桌旁，半仰着脸，睡得像一朵幸福的大向日葵，还微微打着呼噜。

他身上的电工装还没完全干透。

铁打的汉子也是会累的……

这场长长的战斗中，我们还能轮番休息一阵儿，师父可是每项抢修都没落下。

我抱着抢修记录簿，出神地望着这朵沉睡的向日葵。

真是个奇奇怪怪的睡姿：他的一只大手搭在桌上，拿着吃剩下一半的煎饼馃子，大约是吃着吃着就睡着了……另一只手牢牢攥着手机，贴在胸口，就好像在坚定地宣誓。

他在等报修电话。我知道，只要电话一响起来，他就会从睡梦中跳起来，劈风斩雨，大步疾行。

　　我想起师母不是讲过嘛，师父每天24小时开机，不肯错过一个报修电话，在家的时候，夜里每次听见下雨，就会从床上爬起来，重新穿好电工装，把手机握在胸口，再继续睡。

　　我们每个人都会接到公司调度的报修电话，而师父接到的电话是最多的，因为他把自己的手机号印在了便民服务卡的第一行，遇到用电困难，人们可以直接给他打电话求助。

　　这就是为什么本来在家休息的师父，会神奇地出现在我们眼前。他早早就准备好了，换好了电工装，握好了手机。也许没等暴雨降下来，他就不放心地走出了家门。

　　我把抢修记录簿悄悄放在桌上，准备蹑手蹑脚离开师父的办公室。

　　一声小小的闷响，师父在睡梦中扔掉了煎饼馃子，一挥手，推了推我。

　　"啊？"我愣在原地，望着还在睡梦中的师父。

　　他嘟囔着："钳子呢……钳子……"

　　"师父，您说什么？"我傻乎乎地凑过去。

"钳子递给我……扳手也递给我……"

我差点儿笑出声来，赶忙捂住嘴巴，然后轻快地回答："好嘞，师父！"

03

宝藏

白茫茫的大雪覆盖了大地。天气冷得叫人跳脚。

在这种又美又糟糕的天气里，我们超级忙碌。抢修班里爬电线杆用的脚扣已经坏掉了一副，我从仓库里拿了一副新的，吸着寒气，赶回值班室。

脚扣这种东西，我最喜欢了。弯弯的弧形，像两个爪子，套在鞋子上，然后你就感觉自己变成了一只神气的猴子，可以噌噌噌地爬杆子。每往上一步，脚扣就会自动锁住，让你不会从杆子上滑下来；脚一抬起，脚扣又会自动松开，使用起来特别灵活。

我轻轻撞了一下两只脚扣，又抬眼看了看师父，我脸上浮现一丝委屈："师父！我什么时候才能正式上杆呢？"

在电工行业，能爬电线杆，就表示进步了一大截，也表示级别提升了，这就像一种荣耀。说起来，我在电力抢修班工作有一段日子了，已经跟师父学会了爬杆，不过，那都是练习，我还没在抢修中真正爬过杆子呢！

每次师兄或者师父亲自上杆，我都在下面仰着脸看，止不住地羡慕，觉得那是英雄最了不起的样子。

"迟早都会爬的。"师父淡定地说。

"可是我着急。"我把脚扣捂在怀里。

这时，师父接了一个电话，看他的表情，我就知道又有抢修任务了。

我没想到，这次抢修中我真的正式上杆了，可我……是踩着师父的肩膀上去的。

路上的积雪太厚了，电力抢修车加足马力才赶到出现故障的小区。整个小区被笼罩在黑暗中，这里停电了。我们几个人一下车，就呆住了。二十多户居民冒着风雪站在小区门口，说是在这里迎一迎张黎明师傅。

他们喜欢他，这毫无疑问。他们用盼望英雄的眼神望着他……

人群中有位老人说："黎明师傅来了！他一来，我这心里就亮了……"

我的眼眶有点儿发热。我师父，一个自称普通劳动者的电力工人，不是什么叱咤风云、惊天动地、拯救了全世界的英雄，可是这么多年来，他无数次拯救了在黑暗中焦急等待的人们。他去到哪里，哪里就有光明，他是这些居民心中的英雄。

我们踏着积雪在小区里排查，很快发现是一段地下电缆被冻坏了。

"不难解决。"师父对居委会的人说，"我们需要爬电线杆，断开对应的刀闸，甩开坏电缆，就能来电了。"

他忽然看向我，脸上有温和的笑意："这次你来上杆。"

我一下子怔住了……这对我来说，是个历史性的时刻。

在师父信任的目光里，我激动地把一副脚扣套在鞋子上，它们在寒风中发出银铃般的脆响。

第一脚踩上电线杆的时候，我就蒙了。这跟平时练习爬杆的感觉一点儿都不一样！因为电线杆在这场风雪中结冰了，滑溜溜的冰层让脚扣失去了抓力，我再也不是灵活的小猴子了，直接从电线杆上滑了下来。

太尴尬了……我狼狈地爬起来，揉揉屁股，无助地望着师父。

"来，咱们开个会！"师父当即把我们几个人都叫到身边，商量对策。

"要不调一辆升降车过来吧。"威哥说。

"那样至少得等两个小时，太慢了。"师父说。

最终，解决办法敲定了，我却傻眼了："师父，这，这不行……"

可是没人听我说话，师父已经带人行动起来了，他们抡着工具在电线杆上砸开了一段冰层，紧接着，师父和威哥靠在了电线杆上。

"上来吧！"师父目光坚定地看着我。

一根用来断闸的加长绝缘杆已经塞到了我手上，有同事在旁边举好了手电筒，可我站在那道光柱的边缘，没挪地方。

我知道我看见了什么，师父和威哥用身体搭成了一座人梯……他们要用肩膀托举我上杆。

我呆呆地望着师父，又看向他经历了多年风吹雨打还依然坚实的肩膀。

我鼻子一酸……不行，我做不到。

"你小子快点儿啊！"威哥急了，"那么多人等着来电呢！"

"不怕的。"师父笑了笑，"我当学徒那会儿，老师傅们也给我当过人梯！"

我愣住了，看着雪花飘落在他冻红的鼻子上……

我踩在师父和威哥搭好的人梯上，手臂向上伸直，举着绝缘杆，努力地仰着头，想让风吹去眼前的那层朦胧的水雾。

我脚下的人梯，传来不寻常的温度。我感觉到师父的肩膀温暖厚实，如山一般坚定。还有威哥，他跟师父一样，双手牢牢托举着我，一声没吭。

今夜，雪也是热的啊……

在后来的日子里，在那些特殊的抢修要求下，师父不仅托举过我上杆，还背着我蹚过水塘走向带电作业的铁塔。

我终于发现，了不起的英雄，不光是爬上高高的杆子、在危险中作业的那个人。

我也终于知道了师父提到的那段人梯的往事，那段他当小学徒时的青葱时光……

所以师父，在很多很多年以前，您也曾是一个

"蹒跚学步"的小学徒吗？我需要费力地想象，我的师父，是怎样一步步长成今天这般高大样子的。

有时我甚至有点儿怀疑：强大的师父，真的当过小学徒吗？

春天来的时候，滨海新区的各个小学也开学了。我们捧着电力游戏箱，跟着师父来到学校，给这里的小学生上有趣的用电安全课。

一堂课结束后，孩子们嘻嘻哈哈地跑上来玩那些箱子。

这会儿我们却找不到师父了……他去哪儿了？

我在走廊里四处望去，穿过一群欢蹦乱跳的孩子，一扭头，在走廊的图书角，我看见了他。

师父蹲在一排矮矮的书架旁边，静静地翻着一本很破很破的书。

他蹲下来的时候，还是比书架高出一头。

"师父？这是……"

"我上小学的时候，用的就是这个版本的语文课本！"师父小心翼翼地捻着泛黄的书页，"现在的小学生已经不用这个版本了。没想到，这个学校还有收藏。"

"啊，您发现宝藏了！"

"就是这篇课文！"师父的手指欣喜地轻戳着书页，"我小时候学过，印象很深！"

不知是不是我的错觉，师父好像激动得手指都微微发颤了。

书上那篇课文，名叫《人桥》。

寒冬之夜，解放军战士追击敌人，遇到一条没有桥的河。为了快速追上敌人，战士们跳进冰冷的河里，在十一月的急流中挺起胸膛，用身体扛起木梯，让后面的同志踩着他们搭的"人桥"过去。最终，同志们冲上了对岸，消灭了敌人。

我恍惚起来……师父，我懂了，我终于懂了。

我仿佛亲眼见到了那一幕，就在那里，那一年的深秋。

那是我师父成为电力工人的第三个年头。他是年轻的学徒张黎明。

一场雷雨洗劫了天地，运行班接到了抢修任务：219号铁塔上的绝缘子被雷电击中，导致一条220千伏高压线出现严重故障。

张黎明跟着老师傅们紧急赶往现场，却发现这里已经变成了一个水塘，铁塔被围困在水中央。他们几个人本想踩着梯子越过水塘，再爬上几十米高的铁塔进行抢修，可是梯子又软又晃，人踩上去差点儿跌进水里。

这次抢修属于带电作业，危险系数很高，要求操作人员身上必须保持干燥，绝对不能沾上一点儿水星儿。梯子靠不住，抢修任务又十分紧迫。

张连运、孟祥芳两位年近五十的老师傅，为了快速恢复送电，保证徒弟们的安全，直接走进了水塘。

班上的几个年轻人惊呆了。

深秋的风吹得岸上的人打晃儿，水塘里的水冰寒刺骨，谁又能想象呢？两位老师傅扛着木梯，站在齐腰深的水里，咬紧牙关，岿然不动。

师父……我知道那一刻，您看见了什么。

仿佛寒风吹开泛黄的书页，童年记忆中的课文上展开了一幅画卷：

解放军战士跳进十一月的急流，把木梯扛在肩上搭好"人桥"，他们说："放心地过吧，同志们！"

老师傅们站在深秋的水塘中，用坚定而赤诚的眼神示意：快过！踩着我们的肩膀过去！

那一年深秋，我师父踩着他师父的师父的肩膀，爬到了高高的铁塔上。

很多年后的风雪之夜，我踩着我师父的肩膀，完成了人生第一次爬杆作业。

我懂了。原来那是一条很长很长的"人桥"，它穿过了时光，一直向前延伸着。

那是我师父的记忆，也是我的记忆。

每一个在"人桥"上走过的人，心里都留下了一座宝藏。

04

师父的"武功秘籍"

最初见到师父，我还不是抢修班的正式员工，只是一个实习生。

第一天来抢修班报到，我望着那个高大的身影，心里有点儿忐忑。

他手拿一根电力维修用的绝缘杆，在高压线模型上比试着长度，气定神闲，又很专注，似乎在琢磨怎么能让这杆子幻化成孙悟空的金箍棒。

"您是张黎明师傅？"我小声开口问。

他把目光投向我，露出和煦的笑容："新来的实习生吧？我知道你，名单上看过了！"

我忽然觉得不那么紧张了，胆子也大了起来："对，是我。黎明师傅您好，我是来跟您学'武功'的！"

他有点儿诧异，随即爽朗大笑起来。

"我知道，您是有名的'电力大侠'——全国劳动模范！"我又补充，"我要拜您为师！您放心，我不怕吃苦的，我力气还行！"我穿着一件衬衫，撸起袖子向他展示我的肌肉。

"小伙子有点儿意思啊。"他笑呵呵地说，"不过抢修这门'武功'，光靠卖力还不够。"

"嗯?"我疑惑地看着他。来这里之前,我已经知道电力抢修是个辛苦的力气活儿。

"还要带上这个。"他轻轻指了指大脑,"咱们工人可不是傻干,拼的不光是干劲儿,要苦干加巧干!"

"巧干……噢,您是说干活儿要有技巧吧?有诀窍的是不是?"

"对!"他神秘地看看我,"'电力大侠',是有'武功秘籍'的!"

我立马竖起了耳朵,正想听他再多讲讲"武功秘籍"……结果被打断了。

"师父!宝龙大厦(现天津宝龙国际中心)在建工程,断电故障!"威哥跑了过来。这是我第一次见到威哥。

接下来,我感觉周围的空气急速流动起来,师父带领抢修小队,飞快地跳上抢修车,还带上了我——去观摩抢修实战的小实习生。

坐落于滨海新区中心商务区的宝龙大厦,那会儿还是尘土飞扬的建筑工地。这座摩天大厦的施工因停电而中断了。

师父了解了一下情况，就开始研究这里的电力线路图纸。

我探头看看师父手里的图纸，有些吃惊。这么大的工地，电力线路错综复杂，犹如迷宫一般。人们不知道故障究竟出在哪里，这要怎么找哇！哪怕是专业的电力工人，也要花上好长时间才能找到故障点吧，这跟走迷宫有什么区别。

没想到，我师父看完图纸，直接朝着一个方向走了过去，嘴里念叨着："故障点应该在这边，很可能是电路跳闸。"

"什么情况？"我一边跟着走一边嘀咕，"师父这么快就猜到了？"

"不是猜的！"威哥在旁边说，"这是师父的绝活儿。他是诊断电力故障的'神医'！再大再复杂的故障，他也能很快判断出病因在哪里。有师父在，抢修就能更快！先不说了，我跟师父检查线路去了。"

偌大的工地上，抢修小队根本不用走迷宫，按照师父的判断，循着几条支线仔细检查，在其中一条线上发现了故障点。困扰整个工地的故障，果然就在师父指出的方向上，果然是电路跳闸。

太帅了吧……神奇的"电力大侠"！

"隔离故障电缆，送电！""电力大侠"正忙着发指令。

趁着威哥跑去拿工具，我也跟了上去："威哥，威哥，师父的绝活儿是怎么来的？是不是因为他见识过太多的电力故障，所以经验丰富？"

"见识的就算再多，脑子里乱糟糟也没用！"威哥说，"咱师父是个爱琢磨的人，分析了无数的电力故障，摸出了一条条规律，所以就有了诊断故障的绝活儿！"

啊，我脑子里仿佛有道闪电划开。原来师父是这么用心的"电力大侠"。

威哥打开了电源开关箱。所有人都在等待来电。

可是，威哥扳动了电闸开关，电却没有来！

这是怎么回事？威哥有点儿傻眼，其他抢修队员也迷惑地看向师父。

显然，大家从没碰上过这种怪事，电闸开关明明已经在通电位置了。

师父检查开关，问："手动开关试了吗？"威哥说，"试过了。"师父又打开开关盖板说道，"往机构上喷点儿松动液，十分钟后再操作。"

傻乎乎围观的我，并不太理解师父在说什么……只是看着抢修队队员们照着师父的吩咐操作了一番，然后重新合上开关。这一次，电终于来了！

抢修队的队员们，还有施工队的工人们，都将佩服的目光投向了师父。

"这种情况，我以前碰到过。"师父说，"开关箱内部机构有点儿卡了，所以通不了电，但是表面看不出来。以后你们再遇到，就知道怎么处理了。"

"我想起来了！"威哥突然说，"'黎明急修案例库'里提到过这种情况，师父早就写进去了。我这一着急，就给忘了。"

"是吗？"又有人说，"'黎明急修案例库'我还没读完呢，回去要继续研究！"

你们到底在说什么？听不懂的我简直急得跳脚，还不好意思大声问。

我挪蹭到师父身边，悄声请教："师父，师父，

'黎明急修案例库'是什么？"

师父笑了："这就是'电力大侠'的一本'武功秘籍'啊！"

"什么？！"我又一次震惊了。

原来，师父的"武功秘籍"，不仅仅在他脑子里，而且真的变成了一本书！为了让抢修班的所有成员都能变成神速抢修的高手，师父总结了"黎明急修案例库"，把他精心总结的故障抢修经验、经典的抢修案例，都写在了里面。

在电力工人眼中，这就是珍宝级别的"武功秘籍"。

既然是"武功秘籍"，本该踏遍万水千山也未必寻到，本该深藏于千难万险的神秘之地，本该重金难求，甚至根本就不会存在于世间。

然而师父把他的"武功秘籍"，把他三十多年风雨抢修路上的心血所得，直接送到了我们手里。

我双手捧着"黎明急修案例库"，就像捧着世上最珍贵的宝贝一样。

这是师父用心写成的东西，我也要用心读才行。

要不然，不管多棒的"武功秘籍"，还是不能把"菜鸟"变成高手，那就真的愧对师父了。

"师父还有一本'小秘籍'呢，拿着！"师父又递给我一本小小的书。

"这是？"我感动地问道。

"这是'黎明抢修百宝书'！"威哥抢话，挥舞着手势说，"上面有师父总结的抢修小经验、抢修技巧、经典案例，都是最常用的！这是便携版的'武功秘籍'，抢修的时候，可以快速查阅。还是那句话，让抢修更快！"

"师父，我一定会好好看的！"我郑重地说。

"我倒是更希望你们用不上这些秘籍。"师父说。

"啊？"

师父笑眯眯地说："因为呀，用不上，就表示没有故障，没有停电了。"

这就是我师父。他写出抢修"秘籍"，却又希望抢修"秘籍"毫无用处，这都是因为一个心愿：让停电次数越来越少，让人们再也没有停电的烦恼。

05

比《海底两万里》
的故事还厉害

一个夏天的午后，我开着车，穿行在滨海新区的大街小巷。

今天我的任务是巡线。巡线就好比警察在公共场所巡逻，看有没有坏人出现；好比老师在考场上巡视，看有没有考生违反纪律。我们是对一根根电线杆和一条条电线进行巡视，看看这些电力设备有没有"生病"。

说起来，我们这个工种，就是给电力线路当医生。

恶劣的天气条件下，电力设备容易突发"急病"，我们就要出急诊，进行紧急抢救。

这还不够。一些露天的电力设备，常年经受风吹日晒、霜打雨淋的挑战，日积月累，慢慢就会出现磨损，就算还能正常工作，也可能出现"慢性病"。所以需要巡线人员经常巡视，确保它们状态良好，遇到小问题要及时维修，省得小问题慢慢积累成大毛病。这跟人们要定期体检是一个道理。

不过，现如今，在城市的大街上数一数，你还能看见多少根电线杆？电力行业的发展越来越快，我们滨海新区也逐步从传统电网向"坚强智能电网"转型，城区的电线杆比以前少了，很多电缆埋到了地下，城市的天空愈发"干净"，电力设备更结实耐用，它们出现"慢性病"的情况也变少了……

露天的高压铁塔——这种铁塔通常很高，负责无人机巡检的部门可以出动智能化程度越来越高的无人机进行巡视，就像巡线工自己飞上了天空，全方位地查看，感觉超棒。

而我今天的巡线任务，主要是检查一处变压器。

也许你不清楚变压器是做什么的，但这确实是一个重要的电力设备，有了变压器，电力才能被安全准确地送进千家万户。

中午师父把一张线路图纸递给我，指着上面的一个小点儿说："这是塘汉路上新增加的一个变压器，你去核查一下它的具体位置。"

我拍着胸脯对师父说："保证完成任务！"

熟悉了这个变压器的位置，日后它出现故障，我们就能轻松找过去。这个道理我明白。

虽然这是个简单的任务，但我隐隐有点儿兴奋，感觉自己又朝着师父靠近了一小步。

我师父有个响当当的外号——"电力抢修活地图"。

这不仅是因为他是诊断电力故障的"电力神医"，是行走的"抢修百宝书"，更因为整个滨海新区，那么庞大复杂的电力线路，全在他脑子里装着。他简直是我们的导航机器人。

以前，虽然我们这里电线杆特别多，但每根电线杆的位置，他都能随口说出来。

"张黎明师傅，上大线68号杆在哪里？"

我师父不假思索地说："在马厂减河边的桃树园内，距67号杆三百多米，中间点是××公司与××公司的管理分界点。"

有没有跟地图App对话的感觉？有没有比地图App更贴心的感觉？

有一次，我跟辉哥深夜寻找一个故障地点，那个地方特别偏僻，我们开着手机地图App，还是被绕晕了，只好给师父打电话求助。他刚刚忙完一场大抢修，正在家休息。

师父睡意浓重地接起电话："嗯，什么情况？"

呃，我分明感觉到师父还没睡醒……他怕不是在闭着眼睛接电话吧？

听我问故障地点，师父嘟囔着说："往东走三百多米，旁边有个养鱼池。"

电话挂断之前，我甚至怀疑自己听到了师父的呼噜声。

我和辉哥面面相觑，不免有点儿迟疑。师父不会说错吧？毕竟，"活地图"师父，这次是在半梦半醒间回答的问题呀！

我们按照师父说的，半信半疑地往东摸过去……结果，我们真的看见了养鱼池，要找的检修地点就在旁边。我们都觉得自己像在做梦一样。

因为我师父是"活地图"，别人带队出任务拿着线路图纸也找不到的电力设备位置，他不用图纸就可以轻易找到。遇到抢修，他总是可以最快到达现场。

我把这些事告诉朋友们，他们好奇地问："你师父到底是怎么成为'活地图'的？他是不是天赋异禀？"

我笑了："不不不，我师父是一步一个脚印才成为'活地图'的！三十多年前，他就开始在塘沽的大街小巷巡线了。到今天，光是巡线，他就走过了八万多千米的路，相当于绕地球赤道两圈！"

朋友们睁大眼睛："我的天，这比《海底两万里》的故事还厉害！"

"那当然厉害了。"我说，"海底两万里，那是开着潜艇。可我师父最开始巡线的时候，连汽车都没有。那时候，抢修班只有一台抢修车，巡线的话，哪有车呀！那么多年，他大多是骑着自行车巡线。用脚走着线巡也是常有的事情。所以，对整个地区所有的电力线路，他熟悉得不能再熟悉！"

这下朋友们又一次对我师父肃然起敬了。而我又何尝不是呢？

今天，我也在巡线，可我怕是很难体会师父当年的艰苦了。

我把车上的冷气开得十足，一身清凉地行驶在八月滚烫的路面上。滨海新区热闹的摩登楼宇、一排排优雅的路灯，从我的车窗前优美地流过，偶尔，才会有一根电线杆或者一处变压箱出现在视野里。

我不禁想象，这片繁华的热土，三十年前是什么模样，那个年轻的巡线工骑着破旧的自行车，穿行在这片土地上的时候，又是怎样的情景。

那一年，在塘沽供电局线路运行班，我师父是年龄最小的巡线工。

他的巡线故事，一直流传到今天——

三十年前的塘沽，街巷朴素，有不少土路，还有很多荒滩和农田。城区的大部分区域，每隔四十五米就立着一根电线杆。年轻的巡线工张黎明把自行车骑得沙沙作响，沿着一根根电线杆一路巡视，经常停下来，仔细检查它们是否"健康"，比如，检查杆子上有没有裂缝，有没有零件松动和破损。

塘沽供电局当时管辖的电力线路有上百条，而运行班里只有七名巡线工。他们轮番负责不同线路的巡视。每条线路都是由一个人完成巡视的。

不管走在哪条线路上，都是寂寞的。想想看，一根根灰蒙蒙的电线杆，连接着电线，分割城市的天空，向着很远很远的地方延伸。它们沉默着，从不说话，就算"生病"了，也是等着巡线工来发现。

这样的巡线工，跟一根根电线杆认真地对话，时光都迟缓了下来。有人觉得这工作很枯燥单调，可是年轻的张黎明干得分外来劲儿。

这个巡线工不会讲什么大道理，就是牢牢记着他师父的话："每一个巡线员和抢修工都是管家，电力设备就是你的命根子。"

就是这样。在张黎明眼里，巡线路上的每一根电线杆、每一条电线，都关系着周围许许多多人的用电，必须好好呵护。任何小问题都不应该被放过，否则将来就可能酿成大问题。

冬日的一天，听说有个工友家里有急事，请假没来上班，张黎明立刻站了出来："他今天要巡视哪条路线？我替他去吧！"

"是军大线，路很远的，有七十七根电线杆。"

"哦，'军粮城到大沽'这条线路，知道了。"张黎明没有犹豫，裹好了棉大衣，带上工具就乐呵呵地出门了。

天气异常寒冷，寒风气势汹汹地刮过来，并不怜惜这个替同事"出征"的小巡线工。他顶着风，吭哧吭哧地沿着军大线艰难地骑着车，明显感觉车轮变沉了。

大风刮得他眼皮子都有点儿疼了，手也冻红了，棉大衣下面捂了一层热汗。每次停下来细查设备、做记录，他都被冻得直打哆嗦。

这种天气，最适合躲在温暖的屋子里，捧着热腾腾的茶水，一边翻书，一边喝茶。可他是个巡线工，越是天气不好的时候，巡线工就越是应该出动。

巡线是个讲良心、讲诚信的工作，要是你在巡线路上偷个小懒、匆匆了事，甚至半途跑掉，没人会知道，可是万一真有什么问题没查出来，将来就会引发事故。

年轻的张黎明没想过掉头直接回去，而是一路紧紧盯着每一根电线杆和头顶的高压线，不敢有一丝疏忽。

这一路，除了寂寞，剩下的就是沙沙作响的车轮声。原本就比较偏僻的军大线，今天更是荒凉，人们大概都回家取暖去了。不知是谁家的小狗躲在门后，隐约传来几声不开心的呜咽。

巡到中心庄路段，他冻得脸都有点儿僵了，四面看去，那根等他来瞧的电线杆，跟他还隔着一条水渠。

得想办法过去。水渠上结了薄薄一层冰，这要是骑着自行车硬碾过去，还不得掉进冰窟窿里？

他干脆举起自行车，使出一大把力气，把自行车扔到了水渠对岸。

接着，他后退几步，也朝着水渠飞跃过去。结果……脚下"啪"的一声。

坏了！他落在了脆弱的冰层上，冰面开裂，他真的掉进了冰窟窿里。

冰水齐腰深，张牙舞爪地渗进了他的棉裤里。他挣扎着爬到岸上，脱掉棉裤拧了拧水，又穿到身上……寒气刺骨，他哆嗦着咬了咬牙，骑上自行车继续朝前走。

他就这么穿着"冰棉裤"，坚持把线路一段不落地巡完了。

转天，同事们问起昨天巡线的情况，张黎明挠挠头，说了实话。

同事们一听，立刻心疼起来。

"你这孩子，怎么这么傻呢！"

"就是的。咱们巡线是得认真负责。不过，遇到意外情况，你得学会变通。孩子呀，你平时不是挺机灵的吗？"

"可不是？人都掉冰水里去了，怎么不赶紧回家换衣服，身体还要不要了？特殊情况下，少巡一点儿线路，不会有事的。"

"可是……"年轻的张黎明抬起憨直的脸，"要是巡不完，我就不放心！"

很多很多年以后，班里退休的老师傅们讲起这段故事，还是会说："嘿，这个傻孩子！"可他们沧桑的眼睛里，分明有赞叹流露出来。

隔着车窗玻璃，我认真地望去，路面上那根电线杆下，似乎出现了那年冬天里的小巡线工，他破旧的自行车披着霜雪，他冻红的脸蛋儿就像大苹果，他在寒风中倔强地检查着电线杆。

师父，我没办法回到您当年的时光里了，只能远远地招手，仰望。

但我可以像您一样，认真地把任务完成，哪怕这只是个简单的任务。

我走在塘汉路上，站在炎炎烈日下，对着手里的图纸，仔细核对新增的变压器型号，确定是它无疑，又观察了一下它的外观和结构。

　　为了更多地体会师父当年的辛苦，我在大太阳下多站了一会儿，又使劲儿抹了抹额角的汗珠，这个动作让我有种说不出的豪情。我是不会匆忙看一眼就走的，我就像当年的师父一样，踏实肯干，不在乎天有多热或者多冷。

　　然而，谁能想到这个超级简单的任务，我竟然没能干好……

06

比飞机更炫酷

"师父，我查过了！"回到抢修班，我忙不迭地跟师父汇报，"那个变压器确实在塘汉路上，大概20分钟的车程就到了！"

师父开口问："这条路的路况怎么样？路面有什么缺陷吗？能进吊车吗？"

"什么？"我愣了一下，开始努力搜索记忆……关键是一进塘汉路，我光顾着寻找变压器的身影，没太关注路况。

"好像，好像还行。"我含糊地说。

"变压器旁边有哪些明显标志？周围有没有施工项目？"师父又问。

"我，我不记得了。"我沮丧地说。当时，我的眼睛里只有变压器，没想过观察周围。

"如果这个变压器发生故障，我们怎么最快到达那里？"师父继续问。

"啊？"我完全傻掉了，额头上冒出来的汗比在大太阳底下站着的时候还多。

我只走了一条路，没有比较过路线啊！

可是想想，我师父之所以是"活地图"，难道只是他把各处电力设备的地点一股脑地装在了脑子里吗？

新增的变压器在塘汉路。上大线68号杆，在马厂减河边的桃园内……

不不不。提到每一处电力设备，他脑子里浮现的并不是一个简单的地点，而是一张立体全息的实景地图。在这个地图上，电力设备并不是一个个孤立存在的，而是能连带反映周边所有信息的一体化电力设备群。在争分夺秒的抢修实战中，这样的地图将会派上大用场。

我想要成为师父这样的"活地图"，却从没有懂得，真正的"活地图"是什么样的。

我想要认真完成师父交给我的任务，可是我好像没有把"认真"用在必要的地方。

"干工作不能光是埋头干，还得琢磨怎么才能干好了。"师父对我说，"走吧，咱们再去一次。"

师父带着我重新跑了一次塘汉路。大太阳下，他在变压器附近走来走去，观察了好一阵儿，又在本子上记下：右侧100米——加油站，对面400米左右——加气站……

在文字的旁边，他还画上了示意图。

回来以后，结合变压器的位置、周围环境和用户的情况，师父精心地画出了这段线路的翔实地图。这就是师父被人津津乐道的手绘地图。

三十多年风雨无阻的巡线经历，就像这样一张张及时更新的手绘地图，变成了他脑子里的"活地图"。

这是我第一次真正触摸到师父的这张"活地图"。

可这并不是全部。在这样的"活地图"上，除了每处电力设备的最优到达路线、周围环境，还藏着更厉害的东西。我师父，记得住所有电线杆的模样，还有它们的"健康状况"。

"什么？你师父连每根电线杆什么样儿都能记住？他是不是天赋异禀？"朋友们说。

用我师母的话说："什么天赋异禀啊，他就是喜欢看电线杆，连下班都绕着电线杆转悠，天天这样，年年这样，还能记不住吗？我跟他一起看个电影，最后都变成了一起去巡线！"

说到这个，我要偷笑一下。

我师母叫李海春。海春和黎明一起去巡线的故事，发生在一个浪漫的春天。那会儿，他们还没结婚。

春天的塘沽，桃花绚烂。年轻的张黎明骑着自行车，穿行在花香四溢的电线杆下。

他的车后座上，坐着一个穿碎花裙的美丽姑娘，她的裙角快乐地飘荡着。

张黎明要结婚了，未婚妻是跟他家隔着一条小马路的李海春。

"黎明，电影还有一个小时就开始了！"李海春晃着小腿，盯着手里的两张电影票。

"好嘞！咱们半小时就到电影院了！"张黎明欢快地蹬着自行车，可是眼睛却不自觉地往沿途的电线杆上瞧。当巡线工有几年了，这些电线杆早已经成了他的老朋友。碰见老朋友，他总想多看上两眼，打个招呼。

"海春，等我一下！"张黎明忽然刹车，电影票差点儿从李海春手里飞出去。

"怎么了？"李海春从车上跳下来，她发现张黎明的表情有点儿严肃。

"那里！看见了吗？"张黎明指指那边的电线杆，"绝缘瓷瓶裂了，需要更换了，我得记下来。"他说着从挎包里掏出一个本子来，准备做记录。

"啊？什么瓶子？"李海春眯着眼睛看向电线杆，满脸迷茫，"今天不是去看电影吗？你怎么还带着笔记本？"

"我总带着。"张黎明憨笑，"随时发现什么问题，我就能记下来。"

"哦！"李海春捂嘴笑了起来，"原来你下班以后的爱好，还是绕着电线杆转悠啊。你这个爱好还挺特别的。"

"嘿嘿。"张黎明挠挠头，"我习惯了。"

"电影一会儿该开始啦！"李海春提醒他。

"哦，哦！"张黎明这才把本子收起来，又蹬上自行车，"咱们一会儿就到！"

刚骑出去一段路，他又把车停在一根电线杆下，凝神片刻后说道："这个电线杆，拉线有问题呀。"

笔记本又被他拿了出来，他又记上了。李海春呆呆地看他，嘴里嘟囔："说好了要带我看电影，这到底是去看电影，还是看电线杆哪？"

"走走走！看电影还来得及！"张黎明再次蹬上自

行车，继续沿着一根根电线杆飞驰。

可是没蹬一会儿，他又在一根电线杆下停下，仰着脸，陷入久久的凝视。

说好的"一会儿就到"呢？李海春看看表，无奈地想："这哪里是去电影院，这不是在跟着电线杆跑吗？电线杆上有电影可以看吗？"

"黎明！"李海春突然喊起来，"你怎么走了？！"

刚刚，张黎明看完一根电线杆，已经把李海春和自行车忘在脑后，朝着下一根电线杆溜达过去了，显然他以为自己正在巡线。

"回来回来！"李海春着急地唤他。张黎明这才回过神，一路小跑回来。

"电影还看不看了？"李海春哭笑不得，张黎明真的被电线杆带跑了！

"看啊，看啊。"张黎明又骑上自行车。

就这样一路跟着电线杆走走停停，两个小时以后，张黎明和李海春才到达电影院。电影都放映好大一会儿了。

李海春故意嘟嘴："我算是知道了，在你眼里，电线杆比电影还要好看。"

"对不起。"张黎明一只手隔着挎包，不自觉地捂着他的宝贝笔记本，"你是不是生气了？"

张黎明的神情像个委屈的孩子，李海春捏着皱巴巴的电影票说："好啦，今天就当是跟你一起巡线了呗！"

虽说耽误了看电影，可不知为什么，李海春发现，自己的未婚夫那么投入地工作的时候，竟然格外帅气。这是个秘密，她又假装嘟嘴，决定先不告诉张黎明。

现在，你们知道了吧，"活地图"到底是怎么炼成的。

我师父根本就没把巡线当成一个艰苦的任务，他真心地爱着这份工作，爱着他的电线杆们，三十多年来，从未改变。

又一场暴雨在深夜降临，第一个抢修电话还未响起，我师父已经做好了工作安排。

我几乎听得见他脑海中立体的地图华丽展开的声音，随之弹出的是各处电力设备的健康档案，一条条

信息快速地运转着。哪些社区的电网薄弱，哪些线路需要加强巡视，哪些地方需要增加人力，都在这张神奇的地图上清晰地展现出来。

"抢修队的所有成员和抢修车，分成三组！"我师父飞速下令，"你们分头前往这几个位置，各就各位，紧急待命！"

师父不但负责总体安排，还亲自带了一个小组前往北塘。

我们在风雨中展开特巡，排查故障。凌晨五点，我师父的手机响了起来。

"张队长，我这里是北塘水泵站！"对方焦急的声音穿破风雨，"线路掉闸，没电了。水泵没办法抽水，北塘地道积水现在有半米多深，主干道交通完全瘫痪，情况非常严重！"

"我知道了。"我师父说，"我们五分钟后赶到！"

"五分钟就到？"对方声音里有明显的惊讶。从电力公司到北塘水泵站，远远不止五分钟。他并不知道，我们已经在北塘特巡好几个小时了！

五分钟后，当师父带着我们出现在水泵站时，这里的负责人脱口而出:"你们是坐着飞机来的吧!"

　　要不是时间紧迫,我们必须马不停蹄地投入抢修作业中,我其实特别想告诉他:我们没有飞机,但是有抢修"活地图",比飞机更炫酷。

01

红马甲

傍晚，电力公司大门口来了一位老奶奶。

"大娘，您找谁？"门口站岗的保安问。

"我姓冯，我来找滨海黎明共产党员服务队。"冯奶奶指指公司大楼——公司大楼的正门旁边，还有一个非常显眼的门脸儿，上面挂着一个非常显眼的招牌，上面写着：黎明出发，点亮万家。

这个地方就是我师父的工作基地。这里有抢修班，还有一个赫赫有名的滨海黎明共产党员服务队。我师父是抢修班的班长，也是滨海黎明共产党员服务队的队长。

冯奶奶走进大厅，正好赶上我师父从办公室出来。

"师傅，你们是下班了吗？"冯奶奶焦急地迎着我师父说，"我有事儿要求助啊！"

"大娘，您说，什么事儿？"我师父赶紧停下脚步。

"哎呀，我们家出问题了。摸哪儿哪儿都是电，我这饭也不敢做了，家里不能住了！"

还有这么奇怪的事情？我师父有点儿诧异，冯奶奶更着急了："你们是不是到下班时间了？今天不能管这个事儿了？"

"大娘，我们是滨海黎明共产党员服务队的。"我师父连忙说，"我们不分上下班时间，24 小时有求必应。只要您遇到用电问题，我们都给想办法解决。我现在就跟您去家里看看。"

我师父说着，从柜子里拿出三件"红马甲"，还叫上了我和威哥。

电力抢修车在路上开着，冯奶奶坐在车里，看着我们身上的"红马甲"，笑容里多了一丝安心："我本来还担心呢。我们邻居说，电力公司管的是外面的电线杆，还有一些大工程什么的，不给老百姓修家里的电路。但是我前几天看新闻，说你们滨海黎明共产党员服务队给老百姓提供爱心服务，我这才来试试。"

"您说对了！我们就是老百姓的'电保姆'。"我师父乐呵呵地说，"像我们这几个人，本职工作是户外抢修，确实是管外面的电线杆的，抢修这事儿，就像是医生出急诊。但是我们电力公司好多年前就成立了共产党员服务队，这是一种延伸服务，在本职工作之外，能帮上忙的，我们都帮，这就变成了'全科医生'，解决老百姓的各种用电困难。"

"太好了，有救了！我家的抽油烟机今天坏了，我就从路边找了个维修工，他给修了电路，收了我不少钱。结果人一走，不仅抽油烟机没修好，家里还开始到处漏电了。把我给慌的……刚开始都不知道找谁才好。"

我一听，直替冯奶奶心疼那笔冤枉钱："您这次找对人了！"

来到冯奶奶家，我师父看了一圈，很快找到了故障点，跟冯奶奶说："您家里各处的电器线路，连接得比较乱，这样容易发生危险。之前那个维修工修电路的时候把线接错了，所以您只要一插抽油烟机的插头，满屋子都会漏电。"

这么危险的事情，多亏冯奶奶想到来找我们。

威哥给抽油烟机重新接线，师父带着我重新理顺冯奶奶家的各处线路，逐个检查电路开关，消灭安全隐患。

邻居大叔也跑来看热闹："滨海黎明共产党员服务队？你们真来了呀！"

　　"必须来呀！"威哥掏出两张我们服务队的爱心联系卡，递给他和冯奶奶，"以后有什么用电困难，不用亲自跑服务队，给我们打电话就行了。用师父的话说，我们就是电力'120'，随叫随到！"

　　现在，抽油烟机能正常工作了，冯奶奶可以放心地用电了。

　　"还是公家的师傅好，干活儿靠得住，咱们信得过！"冯奶奶高兴地念叨，开始掏口袋，"干了这么多活儿，我应该给多少钱？"

　　"不不不，"我师父赶忙摇手，"我们服务队做的是公益服务，我们都是共产党员志愿者，不收钱的！"

　　"不收钱？"冯奶奶愣了一下神儿，"看把你们累的，出了这么多汗！那留家里吃饭吧，都这么晚了。等着啊，我先给你们洗水果！"说着她跑去开冰箱。

　　我们师徒三人赶紧脱下鞋套就往门外走。

　　我师父说："您别忙了，我们走了。以后有事儿您说话！"

　　"还是吃个饭再走吧！"冯奶奶在后面喊。

　　"我们服务队有规定，不能在用户家吃饭。您快回去吧！"

我们往下走了好几级楼梯了，还能听见冯奶奶在跟邻居感叹："公家的师傅好哇！"

"不愧是共产党员……"邻居大叔说，"以后有困难，我也找'红马甲'！"

听到这样的话，我们心里很甜，比吃什么水果都甜。

其实，类似这样的事情，还有很多。

我喜欢翻阅服务队过去的服务记录。在我还是一个小孩子的时候，我师父就带着滨海黎明共产党员服务队，在滨海新区的街巷和社区，留下了一段段"红马甲"的故事。

2007年8月，塘沽一座老旧小区里一栋楼的电闸喷出了大火球，尖叫声四起。我师父带队抢修，为这栋楼重新布线，更换电源。工作到这里本来可以结束了，可是想到整个小区都有电路老化问题，他们便延伸了服务，对其他三栋楼的线路也做了彻底的检修和更新，从晚上一直忙到第二天下午，换来了整个小区的用电平安。

2011年7月，一个社区为庆祝党的生日，要举办露天文艺晚会，居民们高高兴兴等着来看。可是晚会当天，合适的电源还没找到。没有电，晚会就办不成！我师父和他的"红马甲"服务队队员，扛着电缆一大早就出现了。他们顶着烈日，花了一上午接好电源，布好线路。到了晚上，晚会在灿烂的灯火中如期举行，"红马甲"志愿者不是来看演出的，而是守在电缆和发电机旁，确保晚会不断电。

有一年的除夕，一个小区的几十户居民家断电，负责维修的物业已经休假，我师父带着"红马甲"服务队赶来救援。坏掉的变压器修好了，电视上的春节联欢晚会也开始了，居民们在欢声笑语中吃起饺子的时候，"红马甲"服务队的抢修车正疾驰在瑞雪飘飞的路面，赶往下一个抢修地点。

某年深夜，一位突发心脏病的老奶奶呼吸困难，一时联系不上在外工作的孩子，打电话求助了她一直信任的张黎明师傅。危急时刻，我师父带着队员背着她奔下居民楼，用电力抢修车把她送到医院。抢修车开出了生死时速！医生看见"红马甲"，立刻说："这

是共产党员志愿者，不用挂号了，直接走绿色通道！"

老奶奶得救了。医生说，如果晚到几分钟，老奶奶可能就有生命危险了。

从那以后，我师父开始自学急救常识。每台电力抢修车上，都多出了一个急救箱。

这样的故事，讲也讲不完……从2007年到今天，滨海黎明共产党员服务队的志愿者服务，伴着飘扬的党旗，温暖和照亮了滨海新区的每一寸土地。从大大小小的社区，到有困难的百姓家里；从医院到学校；从城市到乡村；从世界500强的大企业，到国家的重大建设项目……

哪怕与电无关，只要处于危难中的人们对"红马甲"发出呼唤，他们就会风驰电掣地赶来。

我时常会想，在我还是一个小孩子的时候，一定也曾得到过"红马甲"的帮助，或许，不止一次。

还记得第一次以"红马甲"的身份跟着师父做志愿者服务的时候，我兴奋地告诉师父："我小时候，有次除夕家里断电了，我妈说，大过年的不会有人来修了。我快急哭了，怕看不成春晚，还要过一个黑乎乎的年。可是很快，电来了！这是一个奇迹！师父，当时是不是您穿着'红马甲'来修的？"

"你说的是哪一年呢？"队里一位老师傅在旁边问，"这么些年，张黎明师傅每一个春节都在岗位上值班，他在除夕夜里抢修过的小区，多了去了！"

我不记得是哪一年了……但我特别想说一句迟来的谢谢——谢谢你们，亲爱的"红马甲"！

如今，我也穿上了"红马甲"。我无比珍爱它。

如今在全国各地，国家电网共产党员服务队越来越多，犹如不断壮大的红色星海。

谢谢你，"红马甲"，让我成了一个能发光的小点，让我融进了这片浩瀚的光中。

08

小夜灯

小区旁边的广场上，大爷大妈们快乐地跳着广场舞。

唯独范叔叔郁闷地坐在长椅上。

"范叔叔，您今天怎么没去跳舞呢？"说话的是雨蔚师姐。我跟师姐来这里做志愿者服务。我们经常在这里碰见范叔叔。他退休后的最大爱好就是跳广场舞，跳得可好了。

"唉，别提了！我们那个小区楼道里没有灯，上下楼太黑了。昨天我忘带手电筒，结果摔了一跤，把脚给扭了。"

"啊？"我们仔细看了看范叔叔穿着拖鞋的脚，果然有一只又红又肿，真让人心疼。

雨蔚师姐跟我说："走，咱们去范叔叔住的那栋楼看看。"

我们都是师父的徒弟。师父带领的滨海黎明共产党员服务队的目标就是做好群众的"电保姆"，哪里缺少光亮，就想办法把光亮送到哪里。

我和雨蔚师姐本来以为范叔叔住的那栋楼只是楼道灯坏了，只要修一下灯座，问题很快就能解决。可是经过检查才发现，情况比想象的棘手多了。

因为是老旧小区，设在墙里的楼道灯的公共线路已经坏了，修灯座也不管用。

一些住户从自家的电表接线，在家门口装了灯，灯在门外，开关在家里，各自控制自己家的灯。人们平时上下楼，偶尔碰上某一层的人家恰好开着门外灯，才能借到光亮。可是走到别的楼层，还是没有灯，黑乎乎一片。

这种老旧的居民楼里住着很多老人，他们腿脚本来就不方便，还要摸着黑，靠着手电筒有限的光亮，颤巍巍地上下楼，这让我们很揪心。

可是，坏在墙里的公共线路需要拆墙维修，既是一项巨大的工程，又要花不少钱。我们的服务是要让老百姓生活更方便，不能变成给人们增加麻烦。

怎么办呢？

回到公司，师父看见我们犯愁的样子，说道："是不是发现了黑楼道问题？"

"师父，您怎么知道？！"

原来，师父平日到老旧小区上门帮扶和慰问孤弱老人，也发现了很多黑楼道，这是他的一块心病。

"这样的老旧小区有不少呢。黑楼道是个老大难的问题。"师父说，"不能大动干戈拆墙修，唯一的办法，就是从每层楼的一个住户家里接线，把这家的门外灯换成楼道共用的声控灯，只要有人走到那里，灯就自动亮。"

"对啊，那咱们就这么干吧！"我已经跳起来了。

"肯定不会这么简单。"雨蔚师姐拉了拉我，"你想想，从个人家里接线，楼道灯产生的电费就会变成个人家里的电费，这种事情人家未必愿意。"

"就算愿意，还是有问题。"师父从抽屉里拿出一个声控灯，"这是我前几天买的，一试就知道了，市面上楼道专用的声控灯跟老旧小区的灯口不匹配，装不上去。要是把灯口给随便改造了，将来维修就会变得困难。咱们不能给后面维修的人留下麻烦。"

这么说起来，好像根本没有合适的办法。难道只能让老人们继续摸黑上下楼吗？

不，不，我们并没有放弃。师父跑去灯饰城，买了一大堆灯泡回来。

在师父的带领下，我们服务队开始了一场灯泡试验，我们要找一种合适的灯泡：它要很省电，要能适配老旧小区的灯口，还要不用开关，通过声、光就能控制。

试验废弃的灯泡堆成了一座小山。最终，我们找到了一种新型的LED声光控节能灯。

其实，这是一种家用的小夜灯，一般没人想到把它用在楼道里。然而它足够亮，足够省电，比很多节能灯都要耐用，也完全可以接在老旧小区的灯口上。

猜猜它有多省电？它每年的电费只有一块五。比起住户在自家门外安装的白炽灯，要省钱多了。

黑楼道里，亮起了一盏盏新型声光控灯！范叔叔轻拍手掌，在灯光里笑得别提多开心了。

这盏灯是从范叔叔家里的电表箱拉线安装的，照亮了一层楼。

不过，这只是开始。对于每一栋老旧的居民楼来说，想要真正告别黑楼道，每层都要装上声光控灯才行。

到了下面一层，我们轻轻敲开了一户人家的门，开门的是一位奶奶。

"奶奶好！"雨蔚师姐笑得很甜，"我们现在有个'节能互助，照亮邻里'的公益活动。只要您同意，让我们把您家门口的灯换成这种新型声光控灯，它就能变成大家共用的楼道灯啦。"

我也笑着，把声光控灯展示给奶奶："您不用在家里按开关，有人走过，它自己就能亮。它能照亮楼道，帮助邻居，也能方便您！"

"楼道灯？"奶奶迟疑着，"那电费谁出？"

"这个电费，比您现在用的门灯要省钱，一年只要一块五的电费！"雨蔚师姐说，"这样的话，您不但省了钱，还成了帮助邻里的光明志愿者。"

奶奶慢慢反应着："一块五，这么少的钱？小姑娘，你在开玩笑吧。"

"是真的，这是新型的……"

"你们让我买这个灯泡？"

"这个灯泡不要钱，我们免费送，免费安装！"我赶忙说。

事实上，这些灯泡是我们几个队员自己掏钱买的。

一栋楼的楼道灯没多少钱，但是整个滨海新区老旧的居民区不少。那么多的黑楼道需要声光控灯，算下来需要好多钱，不是我们买得起的。

这个问题没有难倒滨海黎明共产党员服务队。我师父拿出了他的个人奖金——"天津市道德模范"的一万元奖金，发起了"黎明·善小"微基金。在领导的支持下，电力公司的员工为公益基金捐款，这笔爱心微基金从一万元变成更多……就这样，不断为老旧小区筹集着买灯泡的钱。

我和师姐正要跟奶奶再解释一下，可是她嘟囔着匆匆关了门："我再考虑一下，别蒙我，一块五，怎么可能！"

"奶奶，您……"

我们站在门外，傻眼望着对方。

"是不是因为没提我们是滨海黎明共产党员服务队的呀？唉，失误！刚开始我们就应该表明身份！"

"奶奶可能没注意咱们穿着'红马甲'，楼道本来就黑……"

"要是师父在这里，一说是张黎明，奶奶也许知道，也许就会更容易相信我们。"

"师父今天去别的老旧小区装灯了呀。不过咱俩长得挺善良的，不像是骗子吧？"

我们正无措地讨论着，一位大叔走了上来。

"我刚才听见你们说的了！"大叔和善地笑了笑，指指关着的门，"这户是潘奶奶家，她人挺好的，就是比较多疑，谨慎。我姓杜，住楼下，是这栋楼的楼长！"

我们有点儿惊喜："杜叔叔，您愿意帮我们动员一下大家吗？每层楼只要一家成为志愿者就行了！"

杜叔叔拿过我手里的灯泡查看了一下，又掏出了手机："这种节能灯……等我上网查查。"

哈哈，原来杜叔叔也是一个谨慎的人。

杜叔叔明白了什么是新型节能灯，也热心地帮我们动员起来。他拿着手电筒，挨家挨户地敲门，向邻居们宣传。

我们的活动口号里，他特别喜欢提的是这几句："赠人玫瑰，手有余香！您每年只花一块五，就照亮了大家。古代圣贤说得好，'勿以善小而不为'！"

一盏又一盏节能灯被我们安装上去，黑楼道一层一层地亮了起来。就连多疑的潘奶奶也接受了新型节能灯，还笑眯眯地夸奖我们说："'黎明出发，点亮万家'——这是你们滨海黎明共产党员服务队的口号？这个口号一点儿不虚，你们真的在这么做呢！我这个送光明的志愿者，当得也开心！"

当然啦，这只是这个公益活动刚开始推行时的情景。

后来，我师父带队，向各个老旧小区的居委会宣传，又和居委会一起挨家挨户地宣传，招募志愿者。越来越多的人主动成为送光明的志愿者，越来越多的老旧小区亮起了一盏盏爱心楼道灯。

这一盏盏楼道灯仿佛一颗颗星星，在黑夜中一眨一眨，迎接着疲惫的夜归人。

09

破布袋与
"黎明急修BOOK箱"

一大清早，我收到了一份礼物。

"这是什么？"拆开快递盒子，我吃惊地瞪着里面的一个灰扑扑的大布袋子，它原本的颜色已经模糊不清，上面有斑驳的字迹，隐约能看出有个"电"字。

"这是一个传统的电工包。"我师父说。

是啊，我也猜到了。很多年来，电工出门干活，一堆的工具和备件都装在一个大包里，它跟普通的帆布包其实没有区别。

这个传统的电工包是我舅舅寄来的。他是一个胡子花白的老电工，常年在一座偏远的小城"奋战"。前些天，听说我也当上了电工，他开心地打电话嘱咐我好好干，还向我传授当好电工的诀窍。

"你要记住，咱们电工出任务，最尴尬的是什么？"

"是什么？"

"是到了现场，发现有个要用的工具你忘带了，你还得跑回去拿，遇上紧急抢修，所有人都等着你，特别耽误工夫。"

确实尴尬。电工要带的东西又多又杂，很容易遗漏。

可我准备告诉舅舅，这种事是不会发生在我身上的……

我舅舅还在继续说："所以呀，电工得有个实用的大包，把你所有工具全装里头，出门前别忘了一样一样检查好，别怕麻烦。真要忘带什么，你更麻烦！"

"舅舅，我不怕的。"我对着电话说，"因为……"

"你等等啊！"舅舅打断我，"我这边有个急修的活儿，先不说了！"

舅舅直接挂了电话。我想，他应该正忙着把一大堆东西往他的电工大包里装吧。一样一样清点，再背起大包，直奔抢修现场。

我一时也没机会告诉他，我从来没用过传统的电工包，我们用的是我师父发明的收纳神器——"黎明急修BOOK箱"。

在这个神奇的发明诞生以前，我们这里的电工也是用布袋子来装工具和备件的，它们拥挤在一起，可有些东西依然放不下，电工还要往身上挂一个腰包。电工们就这样背着大包小包，身上哗啦作响地出任务去了。到了现场，要用哪件东西，没准儿要在布袋子里翻上半天，手忙脚乱的。就像我舅舅说的那样，忘带什么东西，是常有的事。

抢修要抢时间，结果时间都浪费在找工具上……

于是我师父决定搞个新发明——一种电工专用的收纳神器。

班上的江师傅说："你师父搞来一个废弃的木盒子，在里面挖出各种窟窿，好把一些工具装进去。我们都觉着搞笑。这是啥玩意儿啊？像话吗？哪有抱着木盒子去抢修的？你是医生啊？可是你师父这人，就是能折腾，他不断改进，真把新发明给折腾出来了。这东西还特别好用。"

也不知道师父把当初那个木盒子放到哪里去了，我从没见过，想想我都觉得感动。

可是现在呢？传说中的"黎明急修BOOK箱"到底是什么样的？

黎明时分，晨雾中走来了一群人。他们意气风发，步履轻盈，每个人都拖着一个银色的旅行箱，万向轮唰唰作响，仿佛一群准备登上飞机的空少空姐。

不用想，那群人其实是我们，一群英姿飒爽的电力抢修工，带着"黎明急修BOOK箱"，正奔赴抢修现场。

打开材质轻巧的"黎明急修BOOK箱"，你会觉得自己翻开了一本大书。它是一层一层的，仿佛书页。我们抢修的各个工具和备件，分门别类，都被嵌在合适的页面上。

每个页面上都有一排排特定形状的卡位。万用表、螺丝刀、扳手、电胶布……电工要用的各种物品，在这里都有自己的"专属位置"。要是你发现哪个位置空了，就知道一定有什么东西没放进去。从此，你再也不用担心忘带什么了。

任务来了，拉起箱子立刻出发。大包小包，装备稀里哗啦地作响，那都是过去时了。

跟"黎明急修BOOK箱"配套的，还有师父设计发明的车载工具箱。你可以把车载工具箱理解为抢修车上的移动收纳组合柜，是用来放更长或更复杂的工具和备件的，上面还专门有一个位置放"黎明急修BOOK箱"。简直完美。

想想每天背着布袋子的舅舅，我琢磨着给他寄一个"黎明急修BOOK箱"。

没想到舅舅在这时候退休了。原来前几天的那场抢修，是他参加的最后一次"战斗"。他离开了抛洒了一辈子汗水的小城，离开了他年年岁岁守护的电线杆，回到家乡的村庄养老去了。

我更没想到，舅舅把他用过很多年的电工包寄给了我……

包里还放着一张字条：别嫌它旧，结实得很，这是老伙伴了！加油干！所有工具要带好！

看着舅舅的字迹，我一瞬间有点儿"崩溃"……

"怎么，你舅舅要把这电工包传给你呀？"威哥探过头来，挤挤眼睛。

不开玩笑，我舅舅就是这个意思。不管这个电工包旧成什么样，它都是我舅舅珍爱的宝贝。如今它"风尘仆仆"来到我手上，寄过来的邮费都超过了这破布袋的价格，但老人家的心意全在上面了。我脑子里已经浮现出舅舅明亮的眼神，热血又赤诚。

我怎么可能不去伸手接住？难道要嫌弃地把它丢

进落灰的角落？

可是看看我们的"黎明急修BOOK箱"，我不知道说什么才好……

"师父，"我下意识地去看师父，却发现他已经回到了办公桌前，从抽屉里拿出了什么，目不转睛地看着。

我走过去，发现师父手里握着一把锈迹斑斑的老虎钳。

"这又是哪里来的古董啊！"我脱口而出。

师父温暖地笑了笑："三十多年前，我上班的第一天，我父亲把它送给了我。"

"哦。"我安静下来。

师父十八岁时成为电力工人，那是1987年的秋天。

师父的父亲在中建六局当了一辈子的工人，走南闯北，吃苦流汗，参加过国家和地方的各种工程建设。他的儿子如今也成了一名工人，老人家是高兴的。

我师父第一天从上班的地方报到回来，他的老父亲从床底下拉出一个纸箱，拿出一把磨损严重的老虎钳，一脸郑重地说："黎明，你成为电力工人了，这就

说明你有责任了，不要小看了电力抢修，那可是关系千家万户的大事！这把老虎钳跟了我好多年，南征北战。现在不太好用了，但它就像个老朋友，我跟它是有感情的。我把这把老虎钳送给你。咱是工人出身，靠劳动吃饭，把活儿做好做到位，这是咱工人的本分。"

师父的老父亲把老虎钳交到了我师父手上。

这把年代久远的老虎钳，此刻被我拿在手里，我感觉手心烫乎乎的，仿佛让我来到了老前辈热火朝天的奋斗岁月。

直到今天，我师父依然守着这样的本分，依然在想怎么能把活儿做好做到位，甚至做得更好更到位。就是这样的目标，让我师父创造了许许多多让抢修更快、停电更少的强大发明，也让我们拥有了"黎明急修 BOOK 箱"。

工休日的这天，我把舅舅的电工包洗得干干净净，晾在我家的阳台上。看着清风拂过它粗糙的布面，想象着它曾经无数次装着沉甸甸的抢修工具，跟着舅舅穿过滂沱大雨，穿过狂风暴雪。

对舅舅来说，这已经是最好用的东西了。

那些年里，要是舅舅能用上我师父的"黎明急修BOOK箱"，该有多好。

后来，舅舅的电工包被我挂到了门厅的墙上，看起来就像一个有故事的装饰。每次回到家，我总希望能看见一台时光机，那样我就能带着"黎明急修BOOK箱"，送给在遥远时光里辛苦劳作的舅舅。

10

帽子上的鸟巢

　　风和日丽，屋顶上露出师父的半张脸，接着，是我的半张脸。

　　我们凝神望着屋顶上那个不断传出叽喳声的鸟巢，半天都不敢说话。

　　"喜鹊夫妇好聪明！"我终于忍不住了，赞叹起来，"它们竟然有分工。一只负责到处找树枝，另一只负责搭窝。"

　　"都说了不要出声！谁让你实况转播啦？"在下面扶着梯子的威哥，望着飞走的喜鹊，"你看你一说话，鸟都吓跑了。"

　　"我表达一下惊奇嘛。"我嘟囔着。

　　"嘘。它们一会儿就会回来。"师父示意我们停止说话。

　　为了让喜鹊夫妇尽快放心地回来继续搭窝，师父把自己扮成了一尊雕塑，手里举着手机安静地拍摄。我也学着师父的样子，让自己安静下来，连眨眼睛都小心翼翼的。

　　以前，我可没想过电工还要研究怎么跟小鸟好好相处。

自从有了电线杆，电工和小鸟就开始了持久的"斗争"。因为有很多小鸟喜欢在电线杆上筑巢。身为电工，我不得不说，它们选搭窝地方的眼光真不怎么样，不去选择大树或者房檐，偏偏看中了电线杆这么危险的地方。

这些年，滨海新区不断加强生态环境建设，这里除了平坦的街道和现代化的楼宇，还有越来越多的草坪，空气也越来越清新，来这里筑巢的鸟类也变多了。小鸟有小鸟的想法，有些鸟就是对电线杆情有独钟。

或许你听过，根据导电原理，小鸟的两只小脚站在同一条电线上，它就不会被电到。

但这只是小鸟挑战电线杆的理想状态，但凡它同时碰上另一条电线，或者在电线杆不绝缘的部件上蹭痒痒，就会瞬间被电成"烤小鸟"。我们的电线杆也会发生故障。

更糟心的是，小鸟在电线杆上筑巢，选择的"家装"材料也不全是树枝、草根、羽毛，还有铁丝、铜线……或许是喜欢把家装扮成闪闪的金属工业风？

电线杆上的铁丝鸟窝——活脱脱的"导电之家"，想想都感觉头上在电闪雷鸣。就算是树枝、杂草这样不导电的东西，遇到大风或潮湿的天气，也会变成导电体，到那时，电路跳闸，小鸟惨死，许许多多的居民陷入断电的黑暗……

事实证明，我们没办法跟小鸟讲明白这个道理，就算往电线杆上竖个"禁止搭窝"的公告牌也是没用的，它们根本不会看，还是一如既往地热爱着电线杆，也从不知道什么叫烤小鸟，直到悲剧降临。

遇到严重威胁电力线路的鸟巢，我们电工只能狠下心，把它们辛苦建好的鸟巢直接拆掉。

要不是为了大家的安全着想，谁愿意下这种狠手？

你以为被拆了窝的小鸟会"掩面哭泣"吗？不会的。在跟电工的长期斗争中，它们简直越挫越勇，被拆一个窝，还会再建一个。

这群电线杆上的小小"钉子户"，有时能把你鼻子都气歪。

每到春天，小鸟们进入筑巢生蛋的季节，我们除了抢修、巡线，还要赶小鸟。如果鸟巢里已经产下鸟蛋，就得帮小鸟夫妇搬家，小心翼翼地把鸟巢转移到附近的安全地带，这样换来的也许是小鸟夫妇气愤地声讨：我们住得好好的，谁让你给我们搬家的？

跟小鸟作斗争时我们有一种传统招数，就是在电线杆上安装驱鸟器，直接把小鸟吓走。这跟在麦田里装稻草人是一个道理。

最常见的驱鸟器名叫"驱鸟风车"，长得就像一顶螺旋桨，每一片扇叶上还装着反光镜，风一吹，驱鸟器就转动起来，小鸟看见就会害怕。

我猜小鸟的内心戏是这样的：我的老天爷，这是什么鬼东西？无敌旋风掌？还带闪光霹雳？

但这只是在"驱鸟风车"刚装上去的时候。过不了多久，小鸟们就不客气地把它当成了好朋友。

于是，小鸟们的对话变成了这样：

"放心，电线杆上的那个家伙脾气超好的，它还能给我们当风扇呢！"

"走啊，一起过去吹风啊！我想把羽毛吹得更帅气！"

这种"驱鸟风车"时间久了还会生锈，渐渐就转不动了，拆除又很麻烦。很多电线杆上就留下了废弃的"驱鸟风车"。

就在前些天，我在巡线的时候抬头一看，眼珠子都要惊出来了。一根电线杆上，小鸟们在废弃的"驱鸟风车"那里建起了鸟窝，鸟窝倚靠在上面，特别稳固。

喂，喂，怎么可以这样？你不是一个驱鸟的东西吗？你怎么可以变成小鸟家的柱子？电工们都快迎风哭泣了。

一回到抢修班，我就跑去找师父了。

"师父啊，电线杆上那群'钉子户'，越来越嚣张了！它们现在已经……"我欲言又止，意识到自己直接冲进了匠心坊。

这个匠心坊跟抢修班是连在一起的，是我师父带领团队研发新产品的创新工作坊。师父的很多发明灵感是在抢修和巡线中产生的，而他发明的很多产品是在匠心坊里诞生的。

这里摆放着车床、台钻、砂轮机等工具和设备，用来制作新发明的雏形。

此刻，师父正盯着桌上的一样东西看，这是一个高压刀闸，也就是安装在高压电线杆上的大开关，看起来像个长方形的架子。拉开刀闸，是断电，合上刀闸，就是通电。

眼下，我师父专心致志地盯着刀闸，就好像下一秒刀闸上就能开出花来。

我师父脑子里有很多奇思妙想。听我的师兄师姐说，他盯着什么东西长时间发呆的时候，很可能就是在寻找发明灵感。

我还是先不要打扰师父为妙吧。虽然我特别好奇师父这次又准备发明个什么东西出来。

"我在想……"师父忽然开口了，"那些鸟非要在电线杆上筑巢，不如给它们一个安全的位置，既可以筑巢，又能保护线路设备。"

"啊？！"我收住了脚步，被师父的想法吸引住了，"这样也可以吗？"

你瞧，这就是我跟师父的差距。我还在忙着跟小鸟生气，我师父已经在想处理问题的主意了。

这一次，我师父想发明一顶帽子，一顶戴在电线杆上的帽子，它既可以保护电力设备，又可以让鸟儿在上面搭窝，而不是直接在电力设备上冒险。

这一定是非常有爱的帽子。我师父想在保护电力线路的同时，也为小鸟们的快乐生活考虑。

"师父，您想把帽子戴在电线杆的高压刀闸上？"

"对，应该能解决你刚才说的问题。"

师父说的有道理。但凡装备了高压刀闸的电线杆，因为小鸟筑巢造成的故障往往就出在刀闸上，可怜的高压刀闸确实需要重点保护。

可我想象不出来，师父脑子里的刀闸帽子是什么样儿的。毕竟，刀闸是由各种零部件组装在一起的东西，只要亲眼看看，你就会知道，它跟我们人类的脑袋有多大区别了。这件事，比起给人类设计帽子来，要复杂得多。

师父找来了一个废旧的纸盒，说要做一个帽子模型。

师父有很多非常实用的发明，也获得过很多国家专利，但我还从没有机会亲眼见证一个发明在师父手中诞生的过程。多好的学习机会！

师父拆好了纸盒，看着他拿着一块块纸板比比画画、搭来搭去，我迷惑得眉毛都皱起来了，忍不住说："师父，嗯……您真能给刀闸设计出一个帽子来吗？"

师父一乐："要有信心。搞发明这件事，心灵和手巧都要有。脑子里光有好想法还不够，动手能力很重要。自己亲手做出来，用模型展示出来，别人才能清楚地知道你设计的是一个什么样的东西。"

当纸板搭成的多面体真的出现在我眼前时，我惊呼起来："天哪，师父，这个帽子看起来真的可以扣在刀闸上！"

这是个奇妙的形状，多个面拼接在一起，可是从一个方向看过去，它又确实像一顶可爱的帽子！

我师父心灵手巧——不是随便说说的。

这就是我师父超级厉害的地方。他有很多奇思妙想，但最不可思议的是，他能把这些想法变成现实。

接下来的日子里，师父要一步步完善这个发明，把各处做得完美和实用。他带着几个徒弟——也包括我，开始了鸟类科学家般的严谨工作。我们跟着师父查阅资料，研究鸟类的生活习性，向果农请教防鸟的经验，还潜伏在屋顶上观察和记录鸟类的筑巢活动。

师父一遍又一遍地改进图纸，同时又为帽子精心挑选制作材料——当然不是纸板了。真正的做帽子的材料要省钱和耐用，能够防止高压刀闸在风雨中锈蚀，防止污闪（这是绝缘设备在潮湿或脏污的环境中容易产生的一种放电现象），又能防住小鸟们顽皮的破坏。

我师父给帽子取名——三防凉帽。

这年春天，我们给很多高压电线杆戴上了明黄色的三防凉帽。它们在明净的天空中闪耀，让这些电线杆看起来格外可爱和时髦。小鸟们也爱上了这些帽子，欢快地在上面搭窝。

师父常说工作是快乐的，创新让工作更快乐。

现在，我们把这份创新的快乐传递给了来自大自然的小生灵。

终于有一天，电工和小鸟之间停止了"拆窝——筑巢"之战，可以友好地"相视一笑"了。

11

电线杆上的新哨兵

电线杆上，出现了一个造型奇怪的家伙。

几只小麻雀正兴冲冲地飞来，看样子它们想在电线杆上开演唱会。

可是飞近一看，它们全都惊得"紧急刹车"。

"老天爷，我看到了什么？好可怕，它长着鹰一样的眼睛。"

"它还伸着两条长长的手臂，占用了我们开演唱会的场地。"

"不要过去，它的手臂上有好多刺，会扎屁股的！"

小鸟们喳喳叫着，纷纷掉头，跑到别处开演唱会去了。

电线杆下，几个电工正在偷笑。

我师父发明的新式驱鸟神器，就像威风凛凛的小哨兵一样，成功守护了电线杆。

自从戴上了我师父发明的三防凉帽，那些装备了高压刀闸的电线杆就变得安全多了。不过，没有高压刀闸的电线杆上的电力设备同样重要，小鸟们的到来，还是会引起电力故障。

这样的电线杆可以加装别的防御武器：驱鸟器、防鸟罩、防鸟板、防鸟刺……这些都是为了防止小鸟捣乱的。

还记得之前说过的"驱鸟风车"吗？它是低压电线杆上的主力驱鸟器，已经变得不太好用了，根本吓唬不住小鸟，反倒成了小鸟的玩具。

我师父站在电线杆下，盯着上面废弃的"驱鸟风车"看了好久好久，然后回去走进匠心坊，又埋头开始研究。

当一个新型驱鸟器在师父手上诞生时，我们几个带着惊奇开始了愉快的争论。

"这是什么？电线杆上的稻草人？"

"哪里有稻草呀，它长得像个外星人。"

"什么外星人，应该叫卡通人。它就像从动画片里走出来的一样。"

不管怎么说，这是我见过的最萌的驱鸟器了。圆柱形的身体，两条带刺的滚筒手臂向两边伸展，圆圆的黄色脑袋上，每个方向都有一只圆溜溜的"鹰眼睛"。

这样的设计主要是吓唬小麻雀的，它们本能地害怕鹰眼。不过，师父的驱鸟小人显然还有更厉害的地方。

"我看明白了，"我学着驱鸟小人的样子伸开两条手臂，"这个动作，就是在跟小鸟说——快回去，这里不是玩耍的地方！"

师父笑着说："农田里的稻草人也是这么干的，时间一长，小鸟可能就不怕了。不过，咱们这个'稻草人'的手臂可以加长，尽可能占用电线杆上的空间，这样小鸟就没地方落脚了。"

"还有手臂上的滚筒和刺……"我跟着说，"小鸟是不会想站在驱鸟小人的手臂上的。"

师父点头："它们根本站不住，还会被扎屁股。"

嘿嘿，没错。师父就是这么设计的。驱鸟小人的头顶上，也有一根尖刺指向天空。这样，小鸟就不会落在它脑袋上欺负它了。

当然，你会发现这些刺并不尖细、锋利。这是一种树脂绝缘材料，尖端打磨得很圆滑，如果有一些又蠢又萌的小鸟，非要站在驱鸟小人的手臂上，它们就可以试试什么叫"踩滚轴"了，它们不会被划伤，就像我师父说的——但会扎屁股，这就像一个小小的警告。

这个很棒的驱鸟神器，名字其实很长——叫"鹰眼滚筒式带刺占位型驱鸟器"。好吧，我还是更喜欢叫它驱鸟小人。

现在，驱鸟小人只差一个能固定在电线杆上的基座了。我们有现成的——传统驱鸟器的底座可以直接拿来装在驱鸟小人的身体下面。

可我师父是个精益求精的人，不管是抢修、巡线，还是搞发明、创新，他都有一颗工匠之心。

"传统基座不够好。"师父认真地说，"安装驱鸟器需要停电，拆除驱鸟器还需要停电。你看电线杆上那么多废弃的'驱鸟风车'，为什么不卸下来？就是因为拆装麻烦，都需要停电操作。"

没人喜欢停电！对一些企业来说，一分钟的停电都会带来损失。我师父干了那么多年的电力工作，最大的心愿就是少停电，最好不停电，人们想用电时就有电。

眼下一个驱鸟器的基座问题，牵动了我师父最敏感的神经，他非常在意，琢磨着要设计出一种不用停电就能拆除的新型基座。

这天，我从我们公司大门外的一排共享单车旁路过，一个突然站起来的身影吓了我一大跳。

"师父，"我惊魂甫定，轻拍胸口，"您在这里玩捉迷藏吗？"

师父这才转头看着我，高兴地说："我有一个发现！"

哦，原来师父之前根本没看见我，他的注意力都被共享单车吸引了，确切地说，是被共享单车车座下的锁扣吸引了。

师父指着它说："共享单车锁扣的原理要是能用到驱鸟器的基座设计上，就可以带电拆卸了。"

毕竟我是个电工，师父一说，我恍然大悟，也跟着高兴起来："对啊，我怎么没想到呢！师父，您太聪明了！我每天都能看到这排共享单车，但是从没这么想过。我意识到一件事，其实，您一直都是我的男神！"

"我都成男神了？这么厉害吗？"师父又绽开笑脸，"其实啊，这就是个用心的事情。用心观察，用心琢磨，灵感就来了。"

我师父是个用心且乐观的男神，他还有一双善于发现的眼睛。

他就像当初那样，把去看电影的路变成了快乐的巡线之路，如今又把上班的路变成了快乐的创新发现之旅。

共享单车锁扣的原理只是一个灵感来源，师父循着这条线索，反复研究和实验，最终为驱鸟器设计出了一种安装和拆除都十分方便的卡具型基座。

安装驱鸟小人的时候，只要用绝缘杆把它送到电线杆上，再拉下卡具型基座的锁扣，驱鸟小人就牢固地站在了上面。再向上一推锁扣，驱鸟小人就可以轻松被拆除。全程不用停电！

我师父还发现，原来驱鸟小人的卡具型基座可以广泛地用到很多地方。这是一个共享型基座。配电线路的故障寻址器，输电线路的相序牌，高压铁塔上的防鸟刺……凡是安装到角铁上的电力设备，都可以用它当基座，实现更加方便的装卸。

我在师父桌上发现了一个防鸟刺。在我见过的电力设备中，适合高压铁塔的防鸟刺看起来最像艺术品了，一圈一圈的螺旋线和一根一根尖端圆润的长刺向四面八方散射，摇起来还哗啦啦地响——这种防御武器也是利用了小鸟怕扎屁股的心理。

"这个防鸟刺的基座怎么还是旧的呢？"我看了看防鸟刺下面的传统"U"型平板基座说。

"旧基座，我另有用处。"师父神秘地说。

"废物利用？"我感觉我男神又要出大招了。

"你们不是总说嘛，有些电力设备的开关，扳动起来特别费力。"

我赶忙点头。我们电工接触的专业电力开关，有些又大又沉，扳动起来是个力气活儿，抢修的时候遇到扳不动的开关，都能急得哭出来。

"所以呀，得有个好用的工具。"师父拿过防鸟刺，把下面的"U"型基座卡在了漏电保护箱的大开关上，"再试试？"

我握住防鸟刺的竖轴，向上一推。简直不敢相信，这次，我轻松扳动了开关。

我惊喜地看向师父，师父已经拿出了一根绝缘杆，上面就装着这样的"U"型基座。

"你看，把传统的'U'型基座装在绝缘杆上以后，用这个工具去扳动开关，一下子就完成了。"

师父就像赐予神圣的法宝一样，把这个特别的工具交到我手上。

在师父的眼睛里，整个世界一定奇妙无比，师父的脑海里充满了闪闪发光的灵感。

他看见共享单车的锁扣，就能把它变成适合电力设备的卡具型基座。看见防鸟刺的旧基座——本来是拖后腿的传统设计，他却能让它焕发新生，升级成"大力士"。

又有一天，我师父设计出了一种在电线杆上安装防鸟罩的工具——不用使用绝缘斗车，不用停电，安全又神速。

"师父，您这次的灵感是不是来自《西游记》？这个神器让我想起猪八戒的九齿钉耙。"

"哈哈哈，对呀，"我师父开怀大笑，"所以，我给它取名——六齿钉耙！"

12

是什么永不过时

今天，我负责值夜班。傍晚，刚一进抢修班，我差点儿扑通一声跪在地上。

"舅舅？您怎么来了？"我惊诧不已。按公司规定，外人不得随意探访。

我那退休的电工舅舅从老家来天津了。对，就是那个给我寄旧电工包的舅舅。

我都三年没见过他了，感觉他像是从过去穿越过来的，还是那么硬朗，两眼炯炯有神，还穿着那身洗旧的电工服——也许是舍不得脱下吧，我简直以为舅舅是来考察工作的。

以往都是爸妈带我回姥姥家，我才能见到舅舅。我舅舅还从没来过天津呢。

舅舅正笑吟吟地欣赏着布满好几面墙的荣耀，那里有人们送来的一面面锦旗，还有琳琅满目的奖杯、奖牌和奖状，其中有我师父的多项个人荣誉，也有我们团队获得的各项集体荣誉。

师父这会儿不在，他和我的几位师哥、师姐正在天津大火箭基地做安全保电工作。虽然师父不在，但是我们的办公室里充满着师父的精气神。

"舅舅，您怎么没打个电话就过来了。我应该去车站接您的！"

"接什么，你工作那么忙，还能让你请假？"舅舅爽快地说，"我这不是知道你在滨海新区做电力工作嘛，一下就找着了，给你和你妈妈一个惊喜。"

"我……"我想到旧电工包的事，莫名有点儿结巴。

"来你们这儿才知道，你们这个抢修班，也叫滨海黎明共产党员服务队！"

我变得自豪起来："舅舅，那是服务队最开始成立的时候，十几年前，服务队指的就是抢修班。现在，滨海黎明共产党员服务队已经发展壮大啦，不止抢修班，还有二十多个分队和好几百个队员。"

"好哇，好哇。"我舅舅也是共产党员，开心又郑重地点点头，"我看见你们这里还有一个'黎明创新工作室'！"

"啊，对，对，都是连在一起的。用我们领导的话说，黎明创新工作室，就是公司的'创客空间'，也就是工人们搞发明创新的地方。我师父身兼多职，除了一线抢修和做志愿者服务，他还带着好多一线工人开展发明创新。旁边的匠心坊，是我师父研制新产品的工作坊。"

以往说起这些，我总是很骄傲。可是今天，我有点儿担心。还不是舅舅的旧电工包闹的，要是舅舅知道我师父发明的"黎明急修BOOK箱"比他的宝贝老电工包实用很多，他心里会不会难过！

除了"黎明急修BOOK箱"，我师父还有一些发明，改变了传统电工的一部分操作方式，总结起来，就是让抢修"更快速、更方便、更安全"的方式。舅舅是退休工人，要是他知道他曾经用一生走过的那么艰苦的抢修路，正逐渐被新时代的新科技和我师父这样的一批蓝领发明家改写，会不会感觉自己落伍了，再生出伤感来。

我可不想让舅舅伤心，希望他开心地享受退休生活。

眼看舅舅走向黎明创新工作室的门口，我心都绷紧了。

创新工作室里，有我师父各种重要发明的展品、专利证书和奖状，还有很多一线工友的获奖发明，甚至还有我的一两件不成熟的小发明，不过它们并不是展品，而是师父放在那里说要帮我提升一下的。我的发明倒是没什么，也不知道舅舅看见我师父发明的一件一件的抢修神器，会不会发现，他多年积累的抢修心得有一部分已经失去了用处！

可是舅舅只是站在创新工作室的门口，并没有进去。他注视着有我师父照片的宣传海报，又看看墙上的两块荣誉牌匾："全国示范性劳模和工匠人才创新工作室""国家电网公司劳模创新工作室示范点"。

舅舅默默地点了点头，然后就提出要去我家看我妈妈。

原来他没打算到处参观，怕耽误我的工作。

我家离单位不远。正好有个同事下班，顺道送我舅舅过去。

舅舅给我们办公室留下了一袋老家的甜枣。我都没顾上尝尝，赶紧拨通了我妈妈的电话："妈，我舅马上就到了。您赶快把墙上的老电工包摘下来收好，别让舅舅看见了！"

"啊？"我妈刚开始没听清我在说什么，我好一番解释，她变得既紧张又兴奋，"知道了，知道了，你舅这人真是的，还搞'突然袭击'！"

挂了电话，我长舒了一口气……

天黑的时候，师父刚从大火箭基地回来，就接到了一个抢修电话。

电话里的人说："我们小区变压器的保险片熔断了，很多居民家里停电了。"

听到这个小区的地址，我愣了一下："太巧了吧，这不是我家那个小区吗？"

拖起物件齐备的"黎明急修BOOK箱"，我就跟着师父跑现场去了。

抢修车的灯光照亮了被黑暗笼罩的居民楼，电线杆下已经聚集了不少住户。

下了车，师父用手电筒照了照电线杆上的变压器，对我说："看见了吧，北面那个保险片断了，得换一个。"

我打开"黎明急修BOOK箱"去拿新的保险片，师父已经从车载工具箱里抽出了一个绝缘拉杆。

就在这时，我听见了一个熟悉的声音："换保险片要爬电线杆的，傻孩子，不会是忘带脚扣和皮带了吧？"

我差点儿趴地上："舅舅，您也下楼了？"

舅舅此刻的造型，让我几乎惊叫出声。他整个人就像急匆匆从澡堂里逃出来似的，脑袋上系着一条毛巾，就像湿漉漉的小刺猬，上面还有好多泡沫。衣服外面罩着雨披，头上的水珠不断落下来。

"洗头洗到一半就停电了。"舅舅尴尬地把耷拉下来的毛巾又掖回去，"我寻思下来看看，没准能帮上忙。"

"您在家里等着就行了。"我都看傻眼了，"这样会着凉的。"

"没事儿，我身体好着呢！反正在家也洗不上头。"舅舅斩钉截铁地说着，"且得等着来电呢。换个保险片，最快也得四十多分钟，这种事儿我还不清楚？"

"不用那么久的！"我本来想解释，可声音却被周围的声音淹没了。

"这是一个电工老师傅，"有人说，"他懂行，刚才立马就看出来是保险片断了！"

"唉。"又有人说，"我们家孩子明天考试，正复习呢，哪知道会停电。家里也没根蜡烛，还要停电那么长时间。"

"是啊，我正在家吃面呢，一停电，面条都甩脑门儿上了！"

"老师傅刚才都说了，换保险片的时候，附近所有地方都得跟着停电。我本来想着散完步，正好回家看戏曲晚会直播呢，这下看不成了。"

"我们正跳着广场舞呢，这下也跳不成了！"

"所以得赶快修！"舅舅说着，竟然从车里帮我拿出了脚扣、皮带和"黎明急修BOOK箱"。

"舅舅，"我一时惊诧了。舅舅似乎对这个急修箱并不陌生，他不是应该质疑我为什么没带他的老电工包吗？

"你妈妈都告诉我啦。"舅舅把脚扣、皮带塞我怀里，慈眉善目地笑了笑，"这是张黎明师傅发明的'急修布壳儿箱'，对不对？你妈妈给我看图片了，我一看就明白了，比我那个电工包好使！"

"妈妈还真是厉害，她没听我的。"我哭笑不得地说，"不过，舅舅，您那个发音是怎么回事？这个叫'黎明急修BOOK箱'。"

这一刻，百感交集的并不是我舅舅，而是我。我突然意识到，不管我舅舅的那些传统经验有多少已经过时了，但他依旧是一个强大的电工，他用抢修工人的觉悟，冲向"黎明急修BOOK箱"，毫不迟疑地认可了我师父的新发明。

只是舅舅真的说错了……

以前给变压器更换保险片确实非常麻烦，电工要穿戴安全护具，爬到电线杆上操作，附近区域包括没有故障的线路，都要断电，整个过程大约要花四十五分钟。

然而现在，我们有了我师父的超强发明——可摘取式低压刀闸。电工站在电线杆下面，手握绝缘拉杆，伸到变压器的可摘取式低压刀闸上，拉一下，旋一下，挂一下……几个简单操作，就能轻松完成保险片的更换。

抢修全程只需要八分钟，也不需要给本来没停电的地方停电。

这项发明，我师父经历了一年多的反复琢磨和用心试验。可摘取式低压刀闸在天津市推广应用以后，每年可以减少停电带来的损失大概有300万元。

帅吧？我师父是"电力发明大侠"，也是"省钱大侠"。

事实上，我师父带领的黎明创新工作室，旗下有十个创新工作坊，培养出了一大批充满活力的一线蓝领创客，开展的技术革新项目多达四百余项，获得国家专利一百六十八项——其中我师父个人的国家专利就有二十四项。二十多项发明成果不断填补着电力技术领域的空白。这些数字还在持续更新中。

用我师父的话说：我们不但要为新时代贡献工人力量，还要贡献工人智慧！

这会儿，我师父已经走上前握住了我舅舅的手："老前辈，您好！您不要担心，这次咱们有新招数了，很快就能把保险片换好，也不用爬杆。您看看，给指点指点。"

舅舅看清了我师父的脸，随即惊喜地笑起来："你就是张黎明师傅吧？你说这个话，我信！哪有啥指点，

你说的新招数，我必须得看看，学习一下。"

在我舅舅和周围人们的注视下，我师父举着手电筒，我举着绝缘杆伸到可摘取式低压刀闸上，很快就换好了保险片。

小区来电了。阿姨们仿佛欢快的花喜鹊，涌向了小区内的广场。夏夜的蛙鸣声里，人们重新开始了充满烟火气的生活。

正如我师父说过的那句话：服务没有最好，创新就能更好。

要不是我妈妈下楼来找舅舅，催他回家洗头，我舅舅肯定会拉着我师父热络地聊上好久。

舅舅说，他要把师父的"黎明急修BOOK箱"和可摘取式低压刀闸介绍给更多的当电工的朋友们，希望我师父的好发明能得到更好的推广，让更多的电力工人可以用上。

现在，我必须得承认，我之前的那些担心，全都太幼稚了。

原来我的舅舅，从来没有也永远不会落后于时代。因为他和我师父一样，不管过去多少年，都依然保持着最初的心愿——用各自的办法，努力让抢修速度快一点儿，再快一点儿，让停电次数少一点儿，再少一点儿，让老百姓不断电。

为人民服务——这质朴的初心，动人又有力量，永远都不会过时。

13

从孪生卡到"钢铁侠"

"师父，您为什么总能找到可以创新的地方？这些想法最初都是从哪儿来的？"

"创新没有那么难，它就在我们每个人身边。实际工作中遇到什么困难，感觉有什么不方便，这就是创新的契机。创新不怕小，能解决实际问题，就是创新。"

——这是我曾经跟师父的一段对话。

不久，我师父又有了一个新发明。它恰巧就是小得不能再小的发明，却产生了大效益，每年能为天津电力节省下大约100万元的维修费用。

这个奇妙的小发明是这样诞生的——

我师父去参加滨海供电分公司的生产分析大会，回来以后就开始嘟囔："这个月，1679次抢修，有346次是因为用户给家里的电表箱插电卡输入电量，结果电卡不小心掉进电表箱里了。这还不是最多的，上个月比这个月还多。"

这种事我们都知道。每家每户有自己的电表箱，这个小箱子安装在高处，并且是用铅来封锁的，只有电力公司的人可以开箱。平时人们用电，就是通过电表箱上的一道小窗，把电卡插进去，充电成功，再把卡拔出来。

要是一不小心电卡没插好，就会直接掉进电表箱。电没充成，电卡也取不出来了。只能打电话找电力公司的人过来，打开电表箱的铅封，拿出电卡，再重新上铅封。整个过程，说起来都让人感觉麻烦，偏偏这种情况还非常常见。

我师父趴在桌上认真地计算起来："光是咱们滨海新区的电力公司，按照平均每月400次来算，每年给用户捞电卡的次数就有将近5000次。整个天津的电力公司，每年捞电卡5万次。"

"这么多吗？"我在旁边说，"不过想想也是，我每个月有好多次出任务都是给用户捞电卡。"

"我再算算每次的费用。"师父又低下头，"捞一次电卡，汽车的油钱加上更换电表箱的铅封，最少得20块钱，这还不算人工费。这样的话……天津的电力公司光是捞电卡，每年要花上100万啊。"

我也惊讶了。不算不知道，一算吓一跳。

"用户自己也麻烦。"我师父说，"要是电用完了，电卡还充不了电，家里不还是得停电吗？"

"所以说捞电卡这种小事，和急修一样重要，得赶紧开车过去。"我这么一说，周围几个同事也跟着点头。

我师父是出了名的"省钱大侠"，他忍不了这种让老百姓停电还让国家多花钱的事情，于是立马就投入新发明的研究中。

在电表箱形式不变的前提下，怎么能让电卡不再掉进电表箱呢？这似乎是个难题，但也正是我师父说的创新的契机。

而他的这项"发明"，看起来简单到不可思议。

"一张卡变成了两张卡？"我们好奇地注视着师父手上用钥匙环串起来的两张卡。

"这叫孪生卡。"师父说，"一张电卡，一张滨海黎明共产党员服务队的服务卡，上面有网上购电指南、服务热线电话、公众号二维码……都是些便民服务信息。发现了吗，两张卡用小铁环串在一起，使用其中一张卡时，两张卡之间是有角度的。以后大家再给电卡充电，电卡再也不会掉进电表箱了。"

"噢,"我感觉很惊喜,"因为服务卡连着电卡,服务卡在电表箱外面。电卡要是掉进去,服务卡就会卡在外面!"

"对,"我师父说,"正好还做了宣传,鼓励大家网上购电,多好!"

我师父这个巧妙的小发明,就这样解决了人们动不动就要等着电工上门捞电卡的烦恼,也为天津的电力公司省了不少维修费用。

看看孪生卡,就能明白师父的那句话了:创新不怕小,能解决实际问题,就是创新。

我师父还说过:创新还要不怕大,要敢想敢干,不怕失败。这才是我们新时代产业工人该有的样子。

后来,我师父真的搞了一个大大的发明,它就是智慧、神武的带电作业机器人,被我师父称为——导线上的"钢铁侠"。

2016年初夏的一天,我师父正在巡线。10千伏的高压线路上,带电班的师傅们正在进行带电搭火作业——这是不是听起来就有种危险的感觉?

一条长长的电力线路从变电站出发,沿途连着一台台配电设备，这些配电设备负责给不同路段的人们送电。把一台台配电设备和电力线路连接起来，这就是搭火作业。

事实上，电工要经常进行搭火作业，有时是旧的配电设备需要检修、更换，有时是因为人们用电需求增加，需要往线路上增加新的配电设备。

比较安全的办法就是让整条线路停电，再把配电设备连上去，这是停电下的搭火作业。可是全线停电，会让沿途的所有人、所有企业都没电可用，造成巨大的损失。

所以，电工们就要冒着高风险，在全线通电的情况下连接配电设备，这就是带电搭火作业。

超大的绝缘斗臂车停在路边，车上伸出的绝缘臂向上升起，将站在绝缘斗里的两位带电班师傅送上了十几米高空。

他们全副武装，头戴绝缘帽，脚穿绝缘靴，身上穿着密不透风的厚重绝缘服，手上戴着三层防护手套——一层吸汗的帆布，一层绝缘的硅胶，一层防刺穿的羊皮，他们手臂上还额外戴有一层厚厚的袖套。

如此严实的防护装备，你就能想象带电搭火作业有多危险了。

隔着笨重的防护手套，他们伸手到高压线上，开始漫长的带电搭火作业——

给旁边的电线披好绝缘毯，再给一段电线剥掉绝缘皮，在带电的银色绞线上固定搭火线夹，搭接导线，然后包上绝缘罩……

因为手套太厚，想并拢手指很困难，哪怕只是拧一颗螺丝，或只是加一块垫片这样的操作，也要花上比平时更多的力气和时间。

眼下是初夏，可是两位师傅穿着好几公斤重的绝缘防护服，整个人仿佛在大热天里扛着重物蒸桑拿，没多大一会儿，豆大的汗珠就从额头渗了出来。

高压线下，我师父仰着脸，默默看着他们忙碌。这种时候，不能打扰他们工作。

两个多小时以后，我师父巡线回来，师傅们也终于完成了带电搭火作业，回到地面。

他们脱下绝缘防护服，里面的工装湿得就像刚从水里捞出来，从脱下的绝缘靴和绝缘手套里倒出的汗水浇湿了地面。其中一位老师傅嘴唇都泛白了，差点儿中暑。

这还只是5月，到了酷暑季节，会是什么样儿？那时候，家家户户开起了空调，很多机构、企业的冷冻仓库也在运转，用电量变大，带电搭火作业的次数比现在还要多。

我师父给几位师傅递过毛巾，然后说："我都挺长时间没干带电搭火的活儿了，你们还是在用传统的绝缘手套作业法啊，有没有想过什么新办法？"

带电班的邵班长，汗水都快糊住眼睛了，他用毛巾使劲抹着脸，叹了口气，说："我们也想，可是只有老办法。带电搭火这种活儿，一干就是两三个小时，然后赶着去下一场。大家都辛苦，也危险。可是不管怎么说，干活时不能给老百姓停电啊。"

我师父心疼带电班的师傅们，那根创新的神经又敏感起来：能不能有什么办法，让带电搭火作业变得安全和便捷起来呢？

带电作业智能机器人正在不远的未来召唤着我师父：师父，我就是"解决办法"，我能代替师傅们上高压线执行带电搭火作业，快点儿发明我呀！

我师父真的很快想到了人工智能！现如今，人工智能愈发深入地走进人们的生活，比如扫地机器人，家教机器人，辅助医生工作的手术机器人、护理机器人，同人类围棋手对战的"阿尔法狗"，无人驾驶的智能交通工具……

我们国家的工业生产也应用了智能机器人——有不少是我们国家自主研发的，但是在带电作业领域，人工智能的发展还很慢。

我师父琢磨着，要是能把机器人跟带电作业结合起来，师傅们在地面上遥控机器人，就能安全高效地完成操作，那就太美好了。

目前，大多数的工业机器人都是在室内的工业流水线上工作，它们可以完成很多细致活儿、力气活儿、重复性的工作，却很难应付变化。而带电作业是一种户外工作，面对的现场情况复杂多样，人类可以灵活地应付变化，机器人却未必能做到。

国内之前也研发过带电作业机器人，但它们都是靠人工一步步控制机械臂的操作型机器人，并不具备智能化，也不能让工人师傅真正远离高压线。因为种种弱点和技术限制，其无法在实际中得到推广使用。

想要研发出高级灵活的带电作业机器人，肯定不是一件简单的事情。

这将是一次很大的创新，也是一个艰巨的挑战。

但我师父不怕，为了让带电作业的工友们告别艰苦和危险，为了祖国的电力事业的发展更加快速，他敢想敢干！

14

"钢铁侠"的进化史

黎明创新工作室开始了工作室成立以来最大的一个创新项目——"钢铁侠计划"。

师父说："我们要研制的机器人，它的任务是结束带电搭火作业的'苦、累、险'，它会是一个英雄，不如就叫它导线上的'钢铁侠'吧。"

不过，最大的英雄是谁呢？是为"钢铁侠"的诞生而日夜奋战的人们。

最初，我师父带着配电室带电班的几位年轻员工成立了一个研发小队。

大家都是电力工人，没有人工智能的学历背景，但是有专业工人的智慧和力量。他们一遍遍研读资料、调查学习，一次次用心试验，向着高精尖的人工智能领域发起了冲击。

黎明创新工作室旗下，在十个基层班组拥有十个创新工作坊，配电室的金种子工作坊就是其中之一。"钢铁侠"最初的很多构想就是在这里诞生的。

偶尔路过金种子工作坊，我能听到小车床欢快运转的声音，听到我师父和研发小队成员们认真探讨的声音。有时我也会好奇地走进去，想知道"钢铁侠"

是什么样子的，顺便多学点儿知识。

不过这时候的"钢铁侠"还停留在设计图纸上，它是一堆复杂的线条和数字。

"钢铁侠计划"得到了各级领导和工友们的关注和支持。我和大家一样，期待着"钢铁侠"的诞生。

历经大半年的奋战，"钢铁侠"的设计方案渐渐有了清晰的模样。

清华大学天津高端装备研究院的科研人员，这时也成为"钢铁侠计划"的合作伙伴。他们是制造智能机器人的专家，能帮助"钢铁侠"从图纸上站起来，让它成为真实世界中的"钢铁侠"！

又是一个初夏，我这个幸运的小学徒，喜气洋洋地跟着师父走进清华大学天津高端装备研究院。今天我是来参观学习的。师父说第一代"钢铁侠"已经站在了实验室里，今天是"钢铁侠"的首轮工作测试。

终于要见到你了，"钢铁侠"！

一走进实验室，我就看见了它。我有点儿吃惊。

"师父，"我歪着头，打量着面前的大家伙，"这个'钢铁侠'跟我想的不太一样。它怎么只有一条手臂？"

它站在一张车轮板上，方方的身体由一黑一白两个电箱组成，一条色彩鲜艳的机械手臂并没有长在身体上，而是从车轮板上伸了出来。手臂上写着它的代号——创享I号。

"它长得跟人很不一样。"我认真地说。

"没想到吧？"立国凑过来，接着是立超和文才，他们是跟着我师父研发"钢铁侠"的三名队员，也是我的工友。

"咱们的'钢铁侠'，靠一条手臂就能完成带电搭火。"立超说。

啊，这就厉害了。工人师傅们带电搭火都是双手并用完成一系列操作。只有一条手臂的"钢铁侠"，真的可以做到？

"其实是两条手臂太沉，绝缘斗臂车举不动'钢铁侠'。"文才说，"所以咱们黎明师傅提出了独臂的设计方案。"

"嗯，"我师父说，"不过'钢铁侠'的体重问题，咱们迟早都要解决的。"

实验室里的绝缘斗臂车运转起来，车上的机械臂托起了"钢铁侠",把它送到了高压线旁,现场测试开始了!

清华大学的研究员操纵触屏器,"钢铁侠"动了起来,它的金属手臂灵活地运转关节,向着一个方向探了出去,从工具架上挑了一件专用刀具,又移向高压线,快速旋转、切割……

人们紧张地屏住呼吸,只见一段绝缘皮从高压线上被剥落下来。"钢铁侠"完成了绝缘皮切割!实验室里传出一阵赞叹声。接下来,钢铁侠还要搭接导线。

只见它的机械手臂再次探向工具架,放下切割刀具,又准确地抓取了连着导线的搭火线夹,把它夹在了剥掉绝缘皮的高压线上。操作完毕!

导线另一端连接的灯亮了,电路接通!创享Ⅰ号带电搭火成功!

我鼓起掌来。果然是厉害的"独臂大侠"!

就在我激动得差点儿要抹眼泪的时候,一些研发队员却微微皱着眉头,他们意识到了一个问题。

我师父拿起"钢铁侠"切割下来的绝缘皮,对大家说:"剥线不理想。你们看,这段绝缘皮切得不够整

齐，高压线上还有一点儿绝缘皮的残留。这要是到了实际工作场合，就可能影响搭火成功。"

"哦。"我也冷静下来。"钢铁侠"虽然是拥有机械手臂的"硬汉"，但是它要完成的工作非常精细，容不得半点儿马虎。

我师父是"钢铁侠计划"的灵魂人物，他带着研发团队，经历了一次次失败，攻克了一个个技术难关。而现在，怎么让"钢铁侠"完美地切割绝缘皮，这就是新一轮的挑战。

实验室里的人们现场开始了技术讨论。

我一边听着，一边靠近了"钢铁侠"。

看看它强壮的绝缘手臂，看看它那神秘地隐藏着核心部件的方形身体，再看看工具架上为"钢铁侠"专门研发的一件件配套工具，这里的每一样东西，都倾注了研发团队的心血。

加油啊，"钢铁侠"。我师父对我们这些徒弟说过：干活要讲究，不能将就。现在，"钢铁侠"，你也是我师父的徒弟了，你干活要"讲究"，不能"将就"，毛手毛脚的肯定不行。

我心里这么想着，鼓励似的拍了拍钢铁侠的手臂。

可是一转身，我就撞上了桌子，桌上的一些图纸被甩飞到了地上。

唉，刚刚说完人家"钢铁侠"，我也变得毛手毛脚了。

清华大学的一个博士小哥哥走过来，帮我一起捡图纸。

"你是张黎明师傅的徒弟？"博士小哥哥问我。

"嗯，对，是我太不小心了。"

小哥哥打断我："能成为黎明师傅的徒弟，你很幸福。你师父是个了不起的工人。"

我笑得露出了酒窝："我也觉得自己很幸福。"

"这些是黎明创新工作室发给我们的'钢铁侠'的设计方案，而且还在不断更新。"小哥哥一张一张翻着图纸，"没有这些，我们是没办法把'钢铁侠'制造出来的。我们有制造智能机器人的知识，但是谁也没有带电作业的经历呀！我特别佩服你们一线工人——有丰富的实践经验，很多实用的好设计，只有专业工人才能想到！"

"我师父也说一线工人搞创新特别有优势。不过我跟师父还差得远呢，我还得好好学。"

我第二次见到"钢铁侠"，是几个月后在国家电网公司第三届青年创新创意大赛的赛场上。

升级了刀具装备的"钢铁侠"，漂亮地完成了绝缘皮切割，夹好搭火线夹，电路接通。

全场掌声雷动，评委们为"钢铁侠"点赞，我在观众席上看着从事带电作业的师傅们，更是激动得手掌都拍红了。

"钢铁侠"一路神勇，拿到了大赛复赛的最高分。

接下来的金秋十月，我师父走进人民大会堂，参加了中国共产党第十九次全国代表大会。

这是他第三次走进人民大会堂。第一次是2015年，他被评为"全国劳动模范"。第二次是2016年，中国共产党成立95周年之际，他被评为"全国优秀共产党员"。而这一次，2017年10月，他是一名光荣的党的十九大代表。

这是一件非常严肃又非常美好的大事。党的十九大传达的精神，关系着我们国家新时代的前进方向，关系着每一个中国人的奋斗目标和幸福生活。

师父从北京回来，我们立刻围住了他。

　　"师父，您快讲讲，参加党的十九大都有什么感受？"

　　"收获可大了，"师父说，"你们知道吗，在党的十九大报告中，创新提了数次，你们想想这事儿有多重要。我们党和国家的目标之一，是加快建设创新型国家。所以呀，咱们也要继续努力了！"

　　要是"钢铁侠"会说话，这时候，它会这么说："师父，您是不是在说我呢？我什么时候才能真的跟着工人师傅去干活呢？我知道我还有一些缺点，比如我干活还不够快，我还有点儿胖，我还想更智能化一点儿……我也很着急呀。"

　　"钢铁侠"在国家电网公司第三届青年创新创意大赛上斩获金奖，但这只是一个开始。"钢铁侠计划"还在持续不断地推进中……

　　又一件激动人心的大事发生了。我师父主导研发的人工智能配网带电作业机器人——"钢铁侠"，出现在第三届世界智能大会上，连同中国自主研发的许多其他人工智能产品，向来自全球各地的朋友们展示了中国高端科技的智慧和风采，向全世界宣告：梦幻般的未来拉开了序幕。

这时候的"钢铁侠"，已经升级成为更加强大的"创享Ⅱ号"。

它变轻了一些，看起来跟以前不一样了，它的两条手臂从方块身体的上面伸出，动作更加稳定。过去的"钢铁侠"，需要人不止一次地操作触屏器才能完成一系列工作。现在，它变成了一键启动，全自动作业，干活速度远远超过了一代"钢铁侠"。它真的可以跟着师傅们实地干活儿了！

然而"钢铁侠"的进化还在继续……

夏天来的时候，我跟着师父走进了南瑞集团有限公司的机器人实验车间。在这里，我见到了第三代"钢铁侠"——创享Ⅲ号。

猜猜它是什么样儿的？

创享Ⅲ号，当然比创享Ⅱ号更厉害了。

不过接下来，还会有创享Ⅳ号、Ⅴ号、Ⅵ号……它们将逐渐接手更多类型的带电作业，聪明应对更复杂的电力线路，在电力工人手指的轻点下，成为智能电网上一颗颗灵动的星。

15

追梦人

灯光璀璨的"时代楷模"发布厅，走来了一位快乐的电力工人——张黎明。

在新时代伟大中国的劳动号角中，在平凡的岗位上，他用一颗不平凡的工匠之心，用三十余年奋斗追梦，初心不改，将黎明般的光亮送到千家万户，被授予"时代楷模"的光荣称号，被誉为"点亮万家的蓝领工匠"。

朋友们围着我的手机屏幕观看这一幕，情不自禁地鼓起掌来。

而我则激动得热泪盈眶。是的，这位平凡而伟大的电力工人，这位"点亮万家的蓝领工匠"，是我的师父——张黎明。

朋友们想要重新播放一遍，却不小心点开了我手机上的日记。

"哎呀，我们不是故意要看你日记的。"

"你们可以看的，"我大方地表示，"这是我的学徒日记。"

我的日记里，记载着我跟师父学习的一段又一段快乐时光。

"咦，有一页是锁上的。"有人说，"不让我们看，对吧？"

"对呀，这一页是我的小秘密！"

或者说，这是我跟师父的秘密约定。

每当翻到这一页，我都好像走进了一条闪闪发亮的时光隧道，它通往过去，也通向未来。

三十多年前，我师父从电力技校毕业，成为一名电力工人。

他的一位师父对他说："我给你十年时间，你要'十年成金'！"

十年的时间——他从勤学苦练的小学徒成长为出色能干的小师傅。

又过了十年——他从小师傅变成了厉害的专责工程师，管理着五个电力班组、一百条电力线路。他真的成了一块金子。

又是十年过去了——领导们对他说："现在我们需要成立一个共产党员服务队，希望你来当队长。不过，这个队长，比专责工程师的职位要低，工资会变少，活儿也会更辛苦。你，愿意吗？"

他乐呵呵地回答："我愿意，哪里需要我，我就到哪里去！工资少点儿，职位低点儿，都没关系！我喜欢干活儿！"

这就是第三个"十年"后——虽然我师父的职位和工资都降低了，却让滨海黎明共产党员服务队的旗帜高高飘扬了起来，他绽放了更加明亮、更加美好的光芒，他成了更大的一块金子。

接着，是第四个"十年"——我师父成为"时代楷模"，他带队研发的带电作业机器人"钢铁侠"在智能电网上亮起，而他带出来的很多徒弟也如他一样，成了劳动模范、电力专家、发明达人。

师父带着"十年成金"的承诺，走过了一个又一个"十年"，他不仅让自己变成了金子，也让更多的人变成了金子。

我曾经很多次用惊叹的目光仰望师父走过的时光，仿佛夜空下的孩子仰望一条壮丽静美的星河。

"'十年成金'——这是我师父当初送我的话。"师父笑吟吟地看着我，"现在，我也把它送给你。这不是你对我的承诺，而是我对你的祝福。"

"十年成金"，我把它悄悄地写在了我的日记本上。

"十年成金"，我不知道自己可不可以。

但是师父，我会像您那样用心追梦，勇敢而快乐。十年后，二十年后，三十年后……祖国有我！

这就是我的承诺。

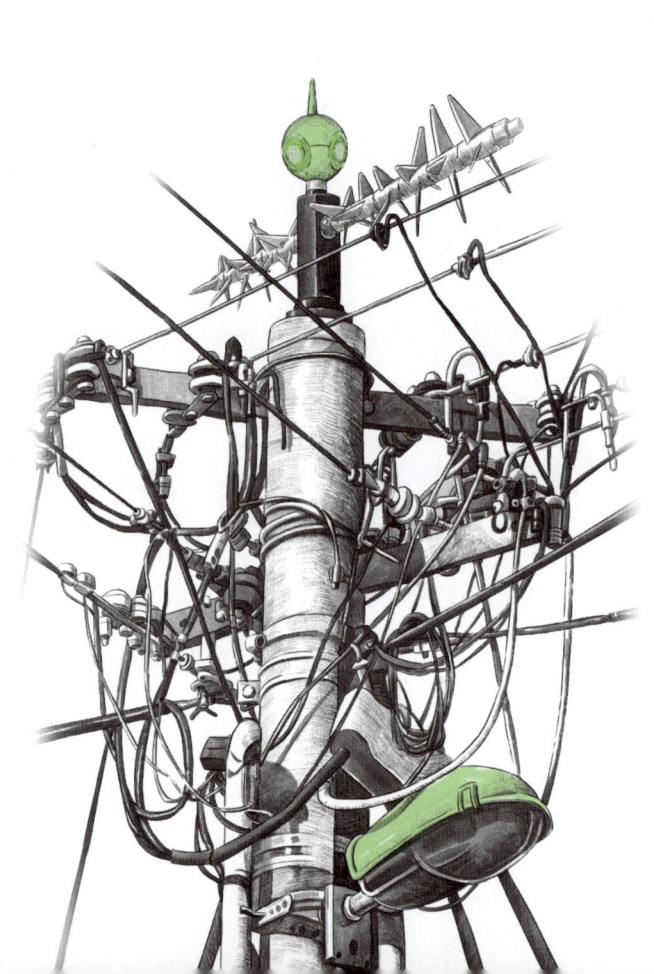